全国“八五”普法学习读本系列

法律明白人
应知应会宪法
实用手册

全国“八五”普法学习读本编写组　编

法律出版社
LAW PRESS · CHINA
北京

图书在版编目(CIP)数据

法律明白人应知应会宪法实用手册 / 全国"八五"普法学习读本编写组编. -- 北京 : 法律出版社, 2022 (2024.11 重印)
ISBN 978-7-5197-6535-4

Ⅰ. ①法… Ⅱ. ①全… Ⅲ. ①宪法-中国-手册 Ⅳ. ①D921-62

中国版本图书馆 CIP 数据核字(2022)第054153号

法律明白人应知应会宪法实用手册
FALÜ MINGBAIREN YINGZHI YINGHUI XIANFA SHIYONG SHOUCE

全国"八五"普法学习读本编写组 编

策划编辑 沈小英
责任编辑 陈 妮 刘晓萌
装帧设计 汪奇峰

出版发行 法律出版社
编辑统筹 法治与经济出版分社
责任校对 杨锦华
责任印制 吕亚莉
经　　销 新华书店

开本 A5
印张 6.5　**字数** 138千
版本 2022年6月第1版
印次 2024年11月第3次印刷
印刷 固安华明印业有限公司

地址:北京市丰台区莲花池西里7号(100073)
网址:www.lawpress.com.cn
投稿邮箱:info@lawpress.com.cn
举报盗版邮箱:jbwq@lawpress.com.cn
销售电话:010-83938349
客服电话:010-83938350
咨询电话:010-63939796

书号:ISBN 978-7-5197-6535-4　**定价**:44.00元
凡购买本社图书,如有印装错误,我社负责退换。电话:010-83938349

撰稿人

张　翔　王海洋　周　俊　侯邦恒

编写说明

2020年11月16日至17日召开的中央全面依法治国工作会议，明确了习近平法治思想在全面依法治国工作中的指导地位，这是我国社会主义法治建设中具有现实意义和深远意义的大事。习近平法治思想是马克思主义法治理论中国化的最新成果，是习近平新时代中国特色社会主义思想的重要组成部分，是全面依法治国的根本遵循和行动指南。

在习近平新时代中国特色社会主义思想指引下，为深入学习贯彻习近平法治思想，我们编写了《法律明白人应知应会宪法实用手册》，以落实《中央宣传部、司法部关于开展法治宣传教育的第八个五年规划(2021—2025年)》，切实抓好普法学习宣传，维护好村民的劳动权益，解决其日常生产生活中的法律问题，增强其法治观念，提升其法治素养。"法律明白人"培养工作被纳入法治社会建设和乡村振兴总体规划，作为加快推进乡村人才振兴工作的重要内容，也是加强基层普法工作队伍建设、健全精准有效普法工作体系的重要举措。"法律明白人"应在宣传习近平法治思想、法律、法规、党的政策，引导法律服务，化解矛盾纠纷，提高法律意识,参与社会治理中发挥示范引领作用,以推动农村形成办事依法、遇事找法、解决问题用法、化解矛盾靠法的法治环境。

本书的编写特色与亮点:

第一,根据宪法的文本以及宪法相关法编写本书内容。聚焦与公民日常生活密切相关的60个宪法法律问题,结合我国合宪性审查、备案审查的法治实践以及相关法律实务,运用《中华人民共和国宪法》《中华人民共和国立法法》《中华人民共和国村民委员会组织法》《中华人民共和国妇女权益保障法》《中华人民共和国劳动法》等多部法律规范解决法律问题,并且吸收司法经验和地方法治实践情况,使本书成为集法律法规与案例分析于一体的专业工具书。

第二,根据宪法文本的特征以及本书编写的目的,重点突出如下内容:一是宪法基础知识的解说,使宪法文本成为可以读得懂的日常生活教科书;二是关注宪法上的土地制度,尤其是关注村民对集体所有土地的利用;三是关注公民人身自由、住宅等基本权利的保护;四是关注村民、基层群众自治性组织、人民政府之间的法律关系。

第三,每个问题设“法律分析”“知识链接”等常规栏目,设有“案例”栏目的问题,还增加“纠纷解决技巧”栏目,帮助读者了解如何运用宪法解决纠纷,理性看待宪法在日常生活中的作用。除此以外,每页配有笔记区,供读者学习时做笔记使用。每个问题均配有相关的试题,方便读者检验学习成果,增强阅读印象。同时，本书还配有一套测试题，用于“法律明白人”自测、任前培训、上岗考核使用。

第四，深入浅出地讲解法律问题，把法律术语转化为生活语言、群众语言，力求简洁、平易；文风精炼，详略得当，重点突出，让读者轻松读、看得懂。

普法宣传是一个长期、持续的过程，任重道远。2020 年 12 月，中共中央印发了《法治社会建设实施纲要（2020—2025 年）》，明确提出到 2025 年，“八五”普法规划实施完成，法治观念深入人心，社会领域制度规范更加健全，社会主义核心价值观要求融入法治建设和社会治理成效显著，公民、法人和其他组织合法权益得到切实保障。希望本书能为中国特色社会主义法治体系建设、乡村振兴战略实施、“法律明白人”培养、村民的权益维护发挥作用，作出应有的贡献。

全国“八五”普法学习读本编写组

2022 年 4 月

目录

Contents

笔记区

▶ 1. 为什么要学习宪法?

宪法以法律的形式确认了中国各族人民奋斗的成果,规定了国家的根本制度和根本任务,是国家的根本法,具有最高的法律效力。全国各族人民、一切国家机关和武装力量、各政党和各社会团体、各企业事业组织,都必须以宪法为根本的活动准则,并且负有维护宪法尊严、保证宪法实施的职责。宪法作为国家的根本法,不仅是治国安邦的总章程,还是一个国家法律制度的基石。它集中体现了党和人民的意志,具有根本性、全局性、稳定性、长期性。其他法律法规的制定、修订与解释应在合宪性秩序下进行。

《中华人民共和国宪法》由序言和四个章节构成,共143 条。宪法序言对宪法条文具有统领性和指导性,宪法条文的具体规定是宪法序言规定的基本价值和原则的具体化和条文化。四个章节依次是总纲,公民的基本权利和义务,国家机构,国旗、国歌、国徽、首都。总纲对我国的国体、政体等基本政治制度以及基本经济制度作出了规定,其中许多规定特别是有关基本国策的规定,是对序言中国家根本任务、奋斗目标等的具体化。公民的基本权利与义务一章共 24 条,其第一个条文对公民在法律面前一律平等以及国家尊重与保障人权进行了庄严的宣示。该条既

笔记区

是解释该章列举的基本权利的根本原则，也完善了基本权利的保护体系。第三章对国家机构的组织架构和权力配置进行了规定。最后一章是在宪法层面对具有国家象征意义的国旗、国歌、国徽和首都进行了规定。

现行《中华人民共和国宪法》由 1982 年 12 月 4 日第五届全国人民代表大会第五次会议颁布实施。此后，根据改革开放和社会主义现代化建设的实践和发展，全国人大分别于 1988 年、1993 年、1999 年、2004 年和 2018 年对 1982 年《中华人民共和国宪法》进行了 5 次修正，先后通过 52 条宪法修正案。5 次宪法修改积极吸纳了我国改革开放和社会主义现代化建设的新经验，适应了新情况。

宪法与我们的生活密切相关。从出生之日起，我们便享有宪法赋予的广泛的基本权利。如出生以后，我们便享有宪法赋予的人格尊严、人身自由等权利，父母有义务抚养和保护我们；到了学龄阶段，我们开始享有宪法赋予的受教育权，这对于父母和学校而言则是保护我们受教育的义务；满 18 周岁以后，宪法赋予我们选举权和被选举权；进入职场以后，宪法赋予我们劳动权、休息权以及退休的权利；进入老年以后，宪法明确规定有获得物质帮助的权利……总之，我们时刻处于宪法的保护之下，宪法是我们的一种生活方式。

笔记区

知识链接

2018 年 12 月 4 日,习近平总书记在第五个国家宪法日之际作出重要指示:“党领导人民制定和完善宪法,就是要发挥宪法在治国理政中的重要作用。要用科学有效、系统完备的制度体系保证宪法实施,加强宪法监督,维护宪法尊严,把实施宪法提高到新水平。要在全党全社会深入开展尊崇宪法、学习宪法、遵守宪法、维护宪法、运用宪法的宣传教育活动,弘扬宪法精神,树立宪法权威,使全体人民都成为社会主义法治的忠实崇尚者、自觉遵守者、坚定捍卫者。”①

《中华人民共和国宪法》序言第十三自然段 本宪法以法律的形式确认了中国各族人民奋斗的成果,规定了国家的根本制度和根本任务,是国家的根本法,具有最高的法律效力。全国各族人民、一切国家机关和武装力量、各政党和各社会团体、各企业事业组织,都必须以宪法为根本的活动准则,并且负有维护宪法尊严、保证宪法实施的职责。

---

① 习近平:《弘扬宪法精神 树立宪法权威 使全体人民都成为社会主义法治的忠实崇尚者自觉遵守者坚定捍卫者》,载《人民日报》2018 年 12 月 5 日,第 1 版。

笔记区

试题

以下哪些内容是由宪法来规定的？(　　)(多选)①

A. 国家的基本制度

B. 公民的基本权利和义务

C. 国家机构

D. 基本国策

① 答案：ABCD。

笔记区

2. 宪法与其他法律有什么区别?

一个国家的法律体系是由宪法、普通法律等诸多法的表现形式构成。宪法是普通法律的重要渊源,具有法律所具有的所有性质和特征。宪法是国家的根本法,其内容具有重要性和权威性。同时,宪法还是一个国家的最高法律,在政治和社会生活中都具有最高的法律效力,普通法律的规定不得同宪法相抵触,否则将归于无效。具体而言,宪法规范与普通法律有以下四个方面的区别。

第一,宪法规范的制定和修改程序比普通法律规范更严格。宪法修改,需要由全国人民代表大会常务委员会或者 1/5 以上的全国人民代表大会代表提议,并由全国人民代表大会以全体代表的 2/3 以上的多数通过。普通法律修改一般由全国人民代表大会以全体代表的过半数通过。

第二,宪法规范调整的社会关系具有全局性、根本性和普遍性等特征,主要涉及一国之内众多主体的法律地位及其相互关系、公民基本权利的形式与国家权力的规范运作之间的关系、国家机构之间的关系等方面。

第三,与普通法律相比,宪法规范整体规定简洁凝练,其调整社会关系的方式更具概括性和原则性。

第四,宪法规范的对象包括国家性质及基本政治、经

笔记区

济、文化、社会等方面的制度规定，是对一个国家最基础的制度性建设的阐释和描述。而普通法律规范则面向具体的法律制度，其调整对象具有单向性和具体性。

知识链接

2018年2月24日，习近平总书记在主持中共中央政治局第四次集体学习时指出："我国宪法实现了党的主张和人民意志的高度统一，具有显著优势、坚实基础、强大生命力。宪法是国家根本法，是国家各种制度和法律法规的总依据。"①

《中华人民共和国宪法》

第五条　中华人民共和国实行依法治国，建设社会主义法治国家。

国家维护社会主义法制的统一和尊严。

一切法律、行政法规和地方性法规都不得同宪法相抵触。

一切国家机关和武装力量、各政党和各社会团体、各企业事业组织都必须遵守宪法和法律。一切违反宪法和法律的行为，必须予以追究。

任何组织或者个人都不得有超越宪法和法律的特权。

① 习近平：《更加注重发挥宪法重要作用　把实施宪法提高到新的水平》，载《人民日报》2018年2月26日，第1版。

笔记区

第六十四条 宪法的修改,由全国人民代表大会常务委员会或者五分之一以上的全国人民代表大会代表提议,并由全国人民代表大会以全体代表的三分之二以上的多数通过。

法律和其他议案由全国人民代表大会以全体代表的过半数通过。

试题

以下哪些关于宪法与普通法律关系的说法是正确的?( )(多选)①

A. 宪法是法律,与普通法律具有相同的效力

B. 宪法具有最高法律效力,一切违宪的法律无效

C. 宪法是普通法律的重要渊源

D. 其他法律的解释应符合宪法规范的要求

① 答案:BCD。

笔记区

3. 我国宪法的指导思想是什么?

宪法指导思想是指导宪法制定、修改和实施的思想原则和理论体系,是宪法的核心和灵魂。

《中华人民共和国宪法》序言明确了我国宪法的指导思想是,马克思列宁主义、毛泽东思想、邓小平理论、“三个代表”重要思想、科学发展观、习近平新时代中国特色社会主义思想。

1954 年《中华人民共和国宪法》是新中国第一部宪法,尽管其序言没有明确规定指导思想,但实际上是在马克思列宁主义、毛泽东思想的指导下制定的。1975 年《中华人民共和国宪法》、1978 年《中华人民共和国宪法》、1982 年《中华人民共和国宪法》规定马克思主义、列宁主义、毛泽东思想是我国宪法的指导思想。1999 年修正 1982 年《中华人民共和国宪法》时,把邓小平理论写入宪法,作为宪法的指导思想。2004 年修正《中华人民共和国宪法》时,把“三个代表”重要思想写入宪法。

党的十八大以来,以习近平同志为主要代表的中国共产党人,顺应时代发展,从理论和实践相结合上系统回答了新时代坚持和发展什么样的中国特色社会主义、怎样坚持和发展中国特色社会主义这个重大时代课题,创立了

笔记区

习近平新时代中国特色社会主义思想。在习近平新时代中国特色社会主义思想指导下,中国共产党领导全国各族人民,统揽伟大斗争、伟大工程、伟大事业、伟大梦想,推动中国特色社会主义进入了新时代。2018 年,科学发展观和习近平新时代中国特色社会主义思想被写入宪法,成为新时代的国家意志和宪法指导思想,进一步丰富和发展了宪法指导思想的科学内涵和时代精神。

知识链接

2012 年 12 月 4 日,习近平总书记在首都各界纪念现行宪法公布施行 30 周年大会上的讲话指出:“改革开放以来,我们党团结带领人民在发展社会主义民主政治方面取得了重大进展,成功开辟和坚持了中国特色社会主义政治发展道路,为实现最广泛的人民民主确立了正确方向。这一政治发展道路的核心思想、主体内容、基本要求,都在宪法中得到了确认和体现,其精神实质是紧密联系、相互贯通、相互促进的。国家的根本制度和根本任务,国家的领导核心和指导思想,工人阶级领导的、以工农联盟为基础的人民民主专政的国体,人民代表大会制度的政体,中国共产党领导的多党合作和政治协商制度、民族区域自治制度以及基层群众自治制度,爱国统一战线,社会主义法制原则,民主集中制原则,尊重和保障人权原则,等等,这些

笔记区

宪法确立的制度和原则，我们必须长期坚持、全面贯彻、不断发展。”①

《中华人民共和国宪法》序言第七自然段 ……中国各族人民将继续在中国共产党领导下，在马克思列宁主义、毛泽东思想、邓小平理论、“三个代表”重要思想、科学发展观、习近平新时代中国特色社会主义思想指引下，坚持人民民主专政，坚持社会主义道路，坚持改革开放，不断完善社会主义的各项制度，发展社会主义市场经济，发展社会主义民主，健全社会主义法治，贯彻新发展理念，自力更生，艰苦奋斗，逐步实现工业、农业、国防和科学技术的现代化，推动物质文明、政治文明、精神文明、社会文明、生态文明协调发展，把我国建设成为富强民主文明和谐美丽的社会主义现代化强国，实现中华民族伟大复兴。

---

① 习近平：《在首都各界纪念现行宪法公布施行30周年大会上的讲话》，人民出版社2012年版，第6～7页。

试题

笔记区

以下哪部宪法明确了我国宪法的指导思想?(　　)(多选)[1]

A. 1954 年《中华人民共和国宪法》

B. 1975 年《中华人民共和国宪法》

C. 1978 年《中华人民共和国宪法》

D. 1982 年《中华人民共和国宪法》

① 答案:BCD。

笔记区

4. 习近平新时代中国特色社会主义思想入宪的意义是什么?

2018年第十三届全国人民代表大会第一次会议把习近平新时代中国特色社会主义思想写入《中华人民共和国宪法》序言第七自然段,以国家根本法的形式确立习近平新时代中国特色社会主义思想在国家政治和社会生活中的指导地位,习近平新时代中国特色社会主义思想正式成为国家的指导思想。

第十三届全国人民代表大会把习近平新时代中国特色社会主义思想载入宪法,确立为国家的指导思想,实现党的主张、国家意志、人民意愿的高度统一,既是顺应新时代热切期盼的关键之举,也是指导党和国家事业发展的迫切需要,更是我国宪法与时俱进、完善发展的内在要求,必将使宪法在社会主义现代化建设中发挥更大的作用。

习近平新时代中国特色社会主义思想载入宪法,以国家根本法的形式赋予其最高法律权威和最高法律效力,使之成为全体人民的共同意志,成为国家各项事业、各方面工作的根本遵循,有利于全党全国各族人民深入学习贯彻党的十九大精神,把思想统一到习近平新时代中国特色社会主义思想上来,进一步筑牢共同思想基础,为全党全国各族人民实现中华民族伟大复兴中国梦提供强大精神动力。

笔记区

把习近平新时代中国特色社会主义思想载入宪法,还能够更好地发挥习近平新时代中国特色社会主义思想对国家各项事业、各方面工作的指导作用,使理论武装、思想武装转化为人民群众团结奋斗的强大物质力量,确保党和国家事业始终沿着正确方向前进,在实现"两个一百年"奋斗目标和实现中华民族伟大复兴中国梦中谱写出新篇章。

知识链接

2020年11月17日,习近平总书记在中央全面依法治国工作会议上指出:"党领导人民制定宪法法律,领导人民实施宪法法律,党自身要在宪法法律范围内活动。全国各族人民、一切国家机关和武装力量、各政党和各社会团体、各企业事业组织,都必须以宪法为根本的活动准则,都负有维护宪法尊严、保证宪法实施的职责。坚持依宪治国、依宪执政,就包括坚持宪法确定的中国共产党领导地位不动摇,坚持宪法确定的人民民主专政的国体和人民代表大会制度的政体不动摇。"①

① 《习近平在中央全面依法治国工作会议上强调 坚定不移走中国特色社会主义法治道路 为全面建设社会主义现代化国家提供有力法治保障》,载《人民日报》2020年11月18日,第1版。

笔记区

试题

以下哪些属于中国特色社会主义思想？（　　）（多选）[①]

A. 习近平新时代中国特色社会主义思想

B. 科学发展观

C. "三个代表"重要思想

D. 邓小平理论

① 答案：ABCD。

笔记区

▶ 5. 为什么说中国共产党领导是中国特色社会主义最本质的特征?

2018年第十三届全国人民代表大会第一次会议表决通过了《中华人民共和国宪法修正案》,在《中华人民共和国宪法》总纲第1条新增了一款:“中国共产党领导是中国特色社会主义最本质的特征。”根据《关于〈中华人民共和国宪法修正案(草案)〉的说明》的规定,把“中国共产党领导是中国特色社会主义最本质的特征”写入宪法的主要原因是:中国共产党是执政党,是国家的最高政治领导力量。中国共产党领导是中国特色社会主义最本质的特征,是中国特色社会主义制度的最大优势。宪法从社会主义制度的本质属性角度对坚持和加强党的全面领导进行规定,有利于在全体人民中强化党的领导意识,有效把党的领导落实到国家工作全过程和各方面,确保党和国家事业始终沿着正确方向前进。

“中国共产党领导是中国特色社会主义最本质的特征”条款入宪,充实了宪法关于国家根本制度的条款,进一步加强和深化了现行宪法坚持中国共产党领导的原则和制度,具有多方面的意义。第一,把中国共产党的领导与

笔记区

社会主义制度内在统一起来,创造性发展了马克思主义政党理论,深化了共产党执政规律和社会主义建设规律的认识。第二,从社会主义本质属性的高度确定党在国家中的领导地位,有利于把党的领导贯彻落实到国家政治生活和社会生活的全过程和各领域,实现全党全国人民思想上、政治上、行动上一致,确保中国特色社会主义事业始终沿着正确轨道向前推进。第三,有利于加强党的领导地位和宪法权威。党领导人民制定宪法和法律,党自身必须在宪法和法律范围内活动,必须把党领导人民制定和实施宪法法律同党在宪法法律范围内活动统一起来。宪法明确规定"禁止任何组织或者个人破坏社会主义制度",把"中国共产党领导是中国特色社会主义最本质的特征"与社会主义制度连接起来,使社会主义制度包含了党的领导的内容,有利于增强一切国家机关和武装力量、各政党和各社会团体、各企业事业组织坚持党的领导、自觉维护党的领导。

知识链接

2018年1月19日,习近平总书记在中共十九届二中全会第二次全体会议上的讲话指出:"中国共产党领导是中国特色社会主义最本质的特征,这次宪法修改建议将这个内容明确载入宪法总纲。坚持党的领导是社会主义法

笔记区

治的根本要求,是全面依法治国题中应有之义。我们是中国共产党执政并长期执政,坚持依宪治国、依宪执政,首先就包括坚持宪法确定的中国共产党领导地位不动摇,任何人以任何借口否定中国共产党领导和我国社会主义制度,都是错误的、有害的,都是绝对不能接受的,也是从根本上违反宪法的。"①

《中华人民共和国宪法》第一条 中华人民共和国是工人阶级领导的、以工农联盟为基础的人民民主专政的社会主义国家。

社会主义制度是中华人民共和国的根本制度。中国共产党领导是中国特色社会主义最本质的特征。禁止任何组织或者个人破坏社会主义制度。

试题

以下哪些是"中国共产党领导是中国特色社会主义最本质的特征"写入宪法的意义?( )(多选)②

A. 把中国共产党的领导与社会主义制度内在统一起来

B. 从社会主义本质属性的高度确定党在国家中的领

① 习近平:《中国共产党领导是中国特色社会主义最本质的特征》,载《求是》2020 年第 14 期。

② 答案:ABCD。

笔记区

导地位

C. 有利于加强党的领导地位和宪法权威

D. 是全面依法治国的题中之义

笔记区

▶ 6. 为什么说“依法治国首先是依宪治国，依法执政关键是依宪执政”？

坚持依宪治国、依宪执政，全面贯彻实施宪法，是全面依法治国、建设社会主义法治国家的首要任务和基础性工作。“依法治国首先是依宪治国，依法执政关键是依宪执政”的论断深刻揭示了宪法在治国理政中的重要地位，创造性地发展了中国特色社会主义宪法理论。

宪法是国家的根本法，是全面依法治国的总依据。作为根本法，宪法是国家各种制度和法律法规的总依据，具有最高的法律地位、法律权威、法律效力，具有根本性、全局性、稳定性和长期性。从我国宪法的根本法的性质与国家制度和法律法规的总依据的定位，可以合乎逻辑地得出宪法是全面依法治国的总依据，坚持依法治国首先是要坚持依宪治国，坚持依法执政关键是要坚持依宪执政的重大结论和政治原则。

宪法是治国安邦的总章程。我国宪法规定了中国共产党的领导制度和执政地位，规定了中国共产党的领导是中国特色社会主义最本质的特征，规定了中华人民共和国的一切权力属于人民，人民行使国家权力的机关是全国人民代表大会和地方各级人民代表大会，国家行政机关、审

笔记区

判机关、检察机关、监察机关都由人民代表大会选举产生，规定了国家机关的职权范围和职权程序，建立了有效的权力制约和监督体系。由此表明，宪法在国家制度体系和治理体系中具有极为重要的地位。只有坚持依宪治国、依宪执政，才能充分保证党坚持依法执政，领导人民依法治国，发挥宪法的规范、引领、推动和保障作用。

宪法是中国共产党长期执政的根本法律依据。坚持党的领导是社会主义法治的根本要求，是全面依法治国的题中应有之义。我国宪法为坚持党的领导，保证党的长期执政提供了根本法律依据。我国是中国共产党执政并长期执政，坚持依宪治国、依宪执政，就包括坚持宪法确定的中国共产党领导地位不动摇，坚持宪法确定的人民民主专政的国体和人民代表大会制度的政体不动摇，任何人以任何借口否定中国共产党领导和我国社会主义制度，都是错误的、有害的，都是绝对不能接受的，也是根本上违反宪法的。

知识链接

2020 年 11 月 17 日，习近平总书记在中央全面依法治国工作会议上强调："要坚持依宪治国、依宪执政。党领导人民制定宪法法律，领导人民实施宪法法律，党自身要在宪法法律范围内活动。全国各族人民、一切国家机关和武装力量、各政党和各社会团体、各企业事业组织，都必须以宪法为根本的活动准则，都负有维护宪法尊严、保证宪法实施的职责。坚持依宪治国、依宪执政，就包括坚持宪法确定的中国共产党领导地位不动摇，坚持宪法确定的人民民主专政的国体和人民代表大会制度的政体不动摇。”①

《中华人民共和国宪法》第五条 中华人民共和国实行依法治国，建设社会主义法治国家。

国家维护社会主义法制的统一和尊严。

一切法律、行政法规和地方性法规都不得同宪法相抵触。

一切国家机关和武装力量、各政党和各社会团体、各企业事业组织都必须遵守宪法和法律。一切违反宪法和法律的行为，必须予以追究。

任何组织或者个人都不得有超越宪法和法律的特权。

---

① 《习近平在中央全面依法治国工作会议上强调 坚定不移走中国特色社会主义法治道路 为全面建设社会主义现代化国家提供有力法治保障》，载《人民日报》2020 年 11 月 18 日，第 1 版。

笔记区

试题

以下哪些属于坚持依法治国，建设法治国家的要求？（　　）（多选）①

A. 一切法律、行政法规和地方性法规都不得同宪法相抵触

B. 一切国家机关和武装力量、各政党和各社会团体、各企业事业组织都必须遵守宪法和法律。一切违反宪法和法律的行为，必须予以追究

C. 任何组织或者个人都不得有超越宪法和法律的特权

D. 坚持依宪执政，坚持宪法确定的国体不动摇

---

① 答案：ABCD。

笔记区

7. 为什么说宪法具有最高的法律效力?

宪法具有的最高法律效力体现在以下两个方面:

首先,宪法是普通法律制定的基础和依据。宪法规定了国家的根本制度、基本制度和基本原则,从宏观和微观两个方面规定了国家权力运行的规则、公民的基本权利和义务、国家目标条款等。立法机关通过立法活动把宪法规定的基本规范、基本原则、基本精神具体化,使之成为国家和社会生活的具体规范。无论普通法律是否明确规定其以宪法为依据,普通法律的制定事实上都是依据宪法制定的。因此,有些法律可以在宪法上找到具体的条文依据,有些则无法找到明确的条文依据,但其实际上是依据宪法的基本原则或者基本精神制定的。

其次,与宪法相抵触的普通法律无效。为保障国家法制统一、基本人权,立法机关制定的法律须与宪法不相抵触方具有法律效力。与宪法相抵触的法律,或者是部分无效,或者是全部无效。违反宪法的法律不是法律,当然也就没有法律效力。为保障宪法的最高法律效力,各国根据本国的实际,建立了各具特色的合宪性审查制度,以判断法律是否与宪法相抵触。通过合宪性审查的法律方具有法律效力,无法通过合宪性审查的法律,或者直接撤销该

笔记区

法律，或者在具体案件中拒绝适用。

知识链接

《中华人民共和国宪法》

序言第十三自然段　本宪法以法律的形式确认了中国各族人民奋斗的成果，规定了国家的根本制度和根本任务，是国家的根本法，具有最高的法律效力。全国各族人民、一切国家机关和武装力量、各政党和各社会团体、各企业事业组织，都必须以宪法为根本的活动准则，并且负有维护宪法尊严、保证宪法实施的职责。

第五条　中华人民共和国实行依法治国，建设社会主义法治国家。

国家维护社会主义法制的统一和尊严。

一切法律、行政法规和地方性法规都不得同宪法相抵触。

一切国家机关和武装力量、各政党和各社会团体、各企业事业组织都必须遵守宪法和法律。一切违反宪法和法律的行为，必须予以追究。

任何组织或者个人都不得有超越宪法和法律的特权。

试题

笔记区

宪法的最高效力体现在哪些地方?（ ）（多选）[①]

A.《中华人民共和国宪法》序言第十三自然段宣示宪法是国家的根本法,具有最高法律效力

B. 宪法是普通法制定的基础和依据

C. 一切同宪法相抵触的法律法规都将归于无效

D. 宪法的修改程序比普通法律严格

① 答案:ABC。

笔记区

▶ 8. 我国宪法的基本原则包括什么?

宪法基本原则,是指宪法在调整社会关系时所采取的基本立场和准则。在宪法的制定、修改和实施过程中,宪法基本原则都发挥着重要作用。在宪法制定和修改过程中,基本原则具有衔接宪法指导思想和宪法规范、建构宪法规则体系的作用。在宪法实施过程中,基本原则是遵守宪法的重要依据。宪法实施要求宪法基本原则和宪法规范被广泛遵守和普遍适用。此外,宪法基本原则在维护宪法稳定与社会发展关系方面发挥着重要作用。

我国宪法的基本原则反映了我国社会主义初级阶段的基本国情,体现了新中国成立以来中华民族从站起来、富起来到强起来的历史跨越,总结了我国宪法理论创新和实践发展的基本经验,是我国制定、修改和实施宪法的基本准则。具体而言,我国宪法包括以下六大基本原则。第一,坚持中国共产党的领导。坚持党的领导是历史和人民的选择,是实现中华民族伟大复兴崇高目标和国家根本任务的保障。中国共产党领导是中国特色社会主义最本质的特征。第二,人民主权。我国是工人阶级领导的、以工农联盟为基础的人民民主专政的社会主义国家,国家的一切权力属于人民。第三,社会主义法治。法治是指由宪法和法律规定的治国理政的价值、原则和方式。它以社会公平正义为价值取向,以民主政治为基础,以宪法法律至上为前提,以尊重和保障人权为核心,以确保权力正当运行为重点,是人类政治文明进步的重要标志。第四,尊重和保障人权。为了依法保障全体公民享有广泛真实的人权和基本自由,1982 年《中华人民共和国宪法》不仅专章设立了公民的基本权利与义务,还于 2004 年通过《中华人民共和国宪法修正案》,把"国家尊重和保障人权"载入宪法,使之成为一项重要的宪法原则。第五,权力监督与制约。该原则是为了确保人民的权力属于人民、避免权力滥用而设计各种制度和方法以规范和控制国家权力范围及其行使方式的原则。我国权力监督和制约原则不仅强调国家机构内部的监督,而且重视人民对国家机构活动的监督,《中华人民共和国宪法》第 77 条就是这一原则的体现。第六,民主集中制。作为一项宪法基本原则,民主集中制主要体现在国家机关的组织与活动中。其基本含义是,民主基础上的集中,集中指导下的民主,以及民主基础上的集中和集中指导下的民主的有机结合和辩证统一。

知识链接

2012 年 12 月 4 日,习近平总书记在首都各界纪念现行宪法公布施行 30 周年大会上的讲话指出:"我们要依法

笔记区

保障全体公民享有广泛的权利，保障公民的人身权、财产权、基本政治权利等各项权利不受侵犯，保证公民的经济、文化、社会等各方面权利得到落实，努力维护最广大人民根本利益，保障人民群众对美好生活的向往和追求。我们要依法公正对待人民群众的诉求，努力让人民群众在每一个司法案件中都能感受到公平正义，决不能让不公正的审判伤害人民群众感情、损害人民群众权益。我们要在全社会加强宪法宣传教育，提高全体人民特别是各级领导干部和国家机关工作人员的宪法意识和法制观念，弘扬社会主义法治精神，努力培育社会主义法治文化，让宪法家喻户晓，在全社会形成学法尊法守法用法的良好氛围。我们要通过不懈努力，在全社会牢固树立宪法和法律的权威，让广大人民群众充分相信法律、自觉运用法律，使广大人民群众认识到宪法不仅是全体公民必须遵循的行为规范，而且是保障公民权利的法律武器。”①

《中华人民共和国宪法》

第一条第二款　社会主义制度是中华人民共和国的根本制度。中国共产党领导是中国特色社会主义最本质的特征。禁止任何组织或者个人破坏社会主义制度。

---

①　习近平：《在首都各界纪念现行宪法公布施行 30 周年大会上的讲话》，人民出版社 2012 年版，第 10～11 页。

笔记区

第二条第一款　中华人民共和国的一切权力属于人民。

第三条第一款　中华人民共和国的国家机构实行民主集中制的原则。

第五条第一款　中华人民共和国实行依法治国,建设社会主义法治国家。

第七十七条　全国人民代表大会代表受原选举单位的监督。原选举单位有权依照法律规定的程序罢免本单位选出的代表。

试题

下列哪些属于我国宪法基本原则?(　　)(多选)①

A. 坚持中国共产党的领导

B. 人民主权

C. 尊重和保障人权

D. 社会主义法治

① 答案:ABCD。

笔记区

▶ 9. 为什么要设立国家宪法日?

为了增强全社会的宪法意识,弘扬宪法精神,加强宪法实施,全面推进依法治国,第十二届全国人民代表大会常务委员会第十一次会议决定:将 12 月 4 日设立为国家宪法日。国家通过多种形式开展宪法宣传教育活动。全国人大常委会还在决定中介绍了设置国家宪法日的缘由。

首先,设立国家宪法日有助于落实依宪治国,发挥宪法作用,维护宪法权威。2012 年 12 月 4 日,习近平总书记在首都各界纪念现行宪法公布施行 30 周年大会上指出:“全面贯彻实施宪法,是建设社会主义法治国家的首要任务和基础性工作。”①

其次,设立国家宪法日有助于普及宪法知识,有助于公民通过各种宪法宣传活动感受宪法的价值,扩大宪法实施的群众基础。尊重宪法、实施宪法、维护宪法,实质上就是尊重民主、维护民主、实施民主。开展国家宪法日活动,能够培养广大人民群众的公民意识和国家公职人员的法治意识,有利于不断巩固执政党的执政地位,营造建设政

---

① 习近平:《在首都各界纪念现行宪法公布施行 30 周年大会上的讲话》,人民出版社 2012 年版,第 5 页。

治文明的良好氛围。

笔记区

再次,设立国家宪法日有助于落实2011 年4 月全国人大常委会作出的《关于进一步加强法制宣传教育的决议》。该决议第一部分明确提出,要突出抓好宪法的学习宣传,深入学习宣传宪法确立的我国的国体政体、根本制度、根本任务、公民的权利和义务等主要内容和精神,进一步增强公民的宪法意识和社会主义民主法治观念,形成崇尚宪法、遵守宪法、维护宪法权威的良好氛围。设立国家宪法日不仅有利于落实《关于进一步加强法制宣传教育的决议》精神,而且有利于深化法制宣传教育的内涵,发挥法制宣传在培育社会主义核心价值观方面的积极作用。

最后,设立国家宪法日有助于在国际社会树立我国尊重宪法的良好形象,扩大我国宪法的国际影响。

知识链接

2018 年 12 月 4 日是第五个国家宪法日,也是第一个“宪法宣传周”。主题是尊崇宪法、学习宪法、遵守宪法、维护宪法、运用宪法。集中宣传活动从 2018 年 11 月下旬至 12 月下旬。2021 年 11 月,中央宣传部、司法部、全国普法办制定了《2021 年全国“宪法宣传周”工作方案》,坚持以习近平新时代中国特色社会主义思想为指导,全面贯彻党的十九大和十九届二中、三中、四中、五中、六中全会精神,

笔记区

深入学习贯彻习近平法治思想和习近平总书记“七一”重要讲话精神，增强“四个意识”、坚定“四个自信”、做到“两个维护”，紧密结合党史学习教育和“八五”普法实施，大力加强宪法学习宣传，弘扬宪法精神，维护宪法权威，推动宪法全面实施，教育引导全社会不断增强走中国特色社会主义法治道路的自信和自觉。

试题

以下哪些属于设立国家宪法日的意义？（　　）（多选）①

A. 设立国家宪法日，有助于落实依宪治国，发挥宪法作用，维护宪法权威

B. 形成举国上下尊重宪法、宪法至上、用宪法维护人民权益的社会氛围

C. 让宪法思维内化于所有国家公职人员心中

D. 有助于在国际社会中树立我国尊重宪法的良好形象

---

① 答案：ABCD。

笔记区

▶ 10. 什么是宪法宣誓制度?

2014 年 10 月,党的十八届四中全会首次提出要建立宪法宣誓制度。全会通过的《中共中央关于全面推进依法治国若干重大问题的决定》明确提出:建立宪法宣誓制度,凡经人大及其常委会选举或者决定任命的国家工作人员,正式就职时公开向宪法宣誓。

2015 年 7 月,第十二届全国人大常委会作出了《关于实行宪法宣誓制度的决定》,明确规定各级人大及县级以上各级人大常委会选举或者决定任命的国家工作人员,以及各级人民政府、人民法院、人民检察院任命的国家工作人员,在就职时应当公开进行宪法宣誓。2018 年 2 月,全国人大常委会修改了《关于实行宪法宣誓制度的决定》,对宪法宣誓誓词中有关于奋斗目标的表述进行了修改,在有关条款中增加与监察委员会相关的内容,增加规定宪法宣誓仪式应当奏唱国歌等。

2018 年 3 月,第十三届全国人大第一次会议全体通过了《中华人民共和国宪法修正案》在《中华人民共和国宪法》第 27 条增加一款,规定"国家工作人员就职时应当依照法律规定公开进行宪法宣誓"。

笔记区

知识链接

2018 年 3 月 17 日，在第十三届全国人民代表大会第一次会议上，习近平主席面对近 3000 名全国人大代表、面对 13 亿人民，庄严进行宪法宣誓。这是中华人民共和国成立以来，我国最高领导人首次进行宪法宣誓，充分体现了习近平主席率先垂范，带头尊崇宪法、维护宪法、恪守宪法的高度政治自觉，充分体现了国家领袖对宪法的尊重、对人民的尊重，充分体现了以习近平同志为核心的党中央坚持依宪治国、依宪执政的坚定意志和坚强决心，为全体国家工作人员作出了表率。

《中华人民共和国宪法》第二十七条第三款 国家工作人员就职时应当依照法律规定公开进行宪法宣誓。

全国人民代表大会常务委员会《关于实行宪法宣誓制度的决定》

二、宣誓誓词如下：

我宣誓：忠于中华人民共和国宪法，维护宪法权威，履行法定职责，忠于祖国、忠于人民，恪尽职守、廉洁奉公，接受人民监督，为建设富强民主文明和谐美丽的社会主义现代化强国努力奋斗！

试题

笔记区

以下哪些属于必须进行宪法宣誓的主体?(　　)(多选)[①]

A. 某镇新就职的镇长

B. 某市检察院新任的检察长

C. 某省教育厅新任的厅长

D. 新任的村委会主任

① 答案:ABC。

笔记区

▶ 11. 为什么说人民代表大会制度是我国的根本政治制度?

国家的一切权力属于人民,是中国政治制度的核心内容和根本准则。人民当家做主是社会主义民主政治的本质和核心,人民民主是社会主义的生命。没有民主就没有社会主义,就没有社会主义的现代化,就没有中华民族伟大复兴。人民通过人民代表大会行使国家权力,是坚持国家一切权力属于人民,坚持人民主体地位的必要支持和保证。因此,人民代表大会具有根本性地位。

人民代表大会作为我国的根本政治制度,体现在以下方面:

第一,在人民与国家权力的关系上,人民代表大会制度是按照一切权力属于人民的原则建立起来的。《中华人民共和国宪法》第 2 条第 1 款、第 2 款规定:“中华人民共和国的一切权力属于人民。人民行使国家权力的机关是全国人民代表大会和地方各级人民代表大会。”

第二,在人民与国家权力机关的关系上,《中华人民共和国宪法》第 3 条第 2 款规定:“全国人民代表大会和地方各级人民代表大会都由民主选举产生,对人民负责,受人民监督。”这表明人民代表大会的权力源于人民,行使人民委托的国家权力,从而确保人民代表大会代表人民的意志和利益。

第三,在国家权力机关与其他国家机关的关系上,《中华人民共和国宪法》第 3 条第 3 款规定:“国家行政机关、监察机关、审判机关、检察机关都由人民代表大会产生,对它负责,受它监督。”这表明其他国家机关从属于人民代表大会,不得违背人民代表大会的意志,这也就保证了人民意志的实现。

第四,在中央和地方的关系上,《中华人民共和国宪法》第 3 条第 4 款规定:“中央和地方的国家机构职权的划分,遵循在中央的统一领导下,充分发挥地方的主动性、积极性的原则。”这表明中央和地方之间存在适当的职权分工,既保障中央的统一领导,也保障地方的主动性和积极性,从而统筹兼顾。

知识链接

2014 年 9 月 5 日,习近平总书记在庆祝全国人民代表大会成立 60 周年大会上的讲话指出:“坚持和完善人民代表大会制度,必须保证和发展人民当家作主。人民当家作主是社会主义民主政治的本质和核心。人民民主是社会主义的生命。没有民主就没有社会主义,就没有社会主义的现代化,就没有中华民族伟大复兴。我们必须坚持国家

笔记区

一切权力属于人民,坚持人民主体地位,支持和保证人民通过人民代表大会行使国家权力。要扩大人民民主,健全民主制度,丰富民主形式,拓宽民主渠道,从各层次各领域扩大公民有序政治参与,发展更加广泛、更加充分、更加健全的人民民主。"①

试题

我国宪法规定,"中华人民共和国的一切权力属于人民",人民行使国家权力的机关是(　　)。(多选)②

A. 全国人民代表大会

B. 地方各级人民代表大会

C. 中国人民政治协商会议

D. 村(居)民委员会

---

① 习近平:《在庆祝全国人民代表大会成立60周年大会上的讲话》,载《人民日报》2014年9月6日,第2版。

② 答案:AB。

笔记区

▶ 12. 我国的基本经济制度是什么?

国家经济制度是国家制度的基础,并决定了国家的政治制度、法律制度和人们的社会意识等上层建筑的性质。《中华人民共和国宪法》第 6 条规定,我国社会主义基本经济制度是公有制为主体、多种所有制经济共同发展,分配制度是按劳分配为主体、多种分配方式并存。社会主义基本经济制度既体现了社会主义制度的优越性,又同我国社会主义初级阶段社会生产力发展水平相适应,是党和人民的伟大创造。

社会主义公有制是我国经济制度的基础。社会主义公有制包括全民所有制和劳动群众集体所有制。全民所有制是社会全体成员共同占有生产资料的所有制形式,具体表现为国有经济;劳动群众集体所有制经济,是指部分劳动者共同占有生产资料的一种社会主义公有制形式。

我国的所有制结构是公有制为主体、多种所有制经济共同发展。公有制的主体地位主要表现在公有资产在社会总资产中占优势。多种所有制共同发展,是指在法律规定范围内的个体经济、私营经济等非公有制经济是社会主义市场经济的重要组成部分,国家必须毫不动摇地鼓励、支持和引导。

笔记区

我国的分配制度是以按劳分配为主体、多种分配方式并存。这一分配制度的实质是允许按照生产要素分配。按劳分配是社会主义社会的分配原则,是以劳动作为唯一的分配标准。按生产要素分配,是指按照劳动、土地、资本等所有者对生产要素的占有,参与分配。这一分配制度符合社会主义初级阶段的现实国情,有利于调动广大社会成员的积极性,实现社会资源的充分利用和合理分配。

社会主义市场经济体制是中国共产党带领全国各族人民改革实践的一个伟大创举,是对马克思主义关于社会主义建设理论的历史性贡献。社会主义市场经济要求市场在资源配置中具有决定性作用,提高生产要素的效率。市场不是万能的,需要国家的宏观调控,避免“市场失灵”,防范区域性、系统性风险,稳定市场预期。

总之,必须坚持社会主义基本经济制度,充分发挥市场在资源配置中的决定性作用,更好发挥政府作用,全民贯彻新发展理念,坚持以供给侧结构性改革为主线,加快建设现代化经济体系。

知识链接

2018 年 11 月 1 日,习近平总书记在北京人民大会堂主持召开民营企业座谈会并发表重要讲话,指出:“我们党在坚持基本经济制度上的观点是明确的、一贯的,从来没有动摇。我国公有制经济是长期以来在国家发展历程中形成的,积累了大量财富,这是全体人民的共同财富,必须保管好、使用好、发展好,让其不断保值升值,决不能让大量国有资产闲置了、流失了、浪费了。我们推进国有企业改革发展、加强对国有资产的监管、惩治国有资产领域发生的腐败现象,都是为了这个目的。同时,我们强调把公有制经济巩固好、发展好,同鼓励、支持、引导非公有制经济发展不是对立的,而是有机统一的。公有制经济、非公有制经济应该相辅相成、相得益彰,而不是相互排斥、相互抵消。"①

《中华人民共和国宪法》第六条 中华人民共和国的社会主义经济制度的基础是生产资料的社会主义公有制,即全民所有制和劳动群众集体所有制。社会主义公有制消灭人剥削人的制度,实行各尽所能、按劳分配的原则。

国家在社会主义初级阶段,坚持公有制为主体、多种所有制经济共同发展的基本经济制度,坚持按劳分配为主体、多种分配方式并存的分配制度。

---

① 习近平:《在民营企业座谈会上的讲话》,载《人民日报》2018年11月2日,第2版。

笔记区

试题

对我国公有制为主体、多种所有制经济共同发展的基本经济制度的认识,以下哪项是正确的?(　　)[1]

A. 各种经济成分是平等的,同等重要

B. 国有经济应当在所有领域、所有行业占优势

C. 各种经济成分都有其存在和发展的必然性

D. 计划经济是调整资源配置的主要手段

① 答案:C。

笔记区

▶ 13. 共同富裕在宪法上的要求是什么?

共同富裕是马克思主义的基本目标,也是社会主义的本质要求。《中华人民共和国宪法》第1条明确规定我国是社会主义国家。社会主义作为宪法的基本原则,核心追求在于实现社会平衡,也就是维护社会正义、辅助社会弱者,为所有人提供有尊严的生活。共同富裕是社会主义原则这一核心价值追求的中国表达。

共同富裕是全体人民的富裕,不是少数人的富裕;是人民群众物质生活和精神生活双富裕,不是仅仅物质上富裕而精神上空虚;是仍然存在一定差距的共同富裕,不是整齐划一的平均主义同等富裕。共同富裕的实现,需要贯彻共享的新发展理念。共享理念实质就是坚持以人民为中心的发展思想,体现的是逐步实现共同富裕的要求。共享的新发展理念需要坚持全民共享、全面共享、共建共享与渐进共享。

共同富裕的上述理念在宪法上体现为如下方面:一是在政治上,充分发扬民主,尤其是最广泛的人民民主,保障弱势群体的声音能够被充分代表和表达;二是在经济上,坚持社会主义市场经济,保障社会财富的创造能力;三是在法治上,坚持国家的公共性和个人的社会性在法治建构

笔记区

中的价值基础地位，既保障个人权利，也维系人与人之间的共存；四是在社会上，建立完善的社会保障制度与社会治理体制，以扶助社会弱者，改变社会资源分配中的歧视性安排，从而使改革发展成果更多且更公平地惠及全体人民。为此，需要对国家政策和法律制度进行系统性调整，充分发挥社会保障法、税法、民法在调整财富分配、保障社会经济中弱者的功能。

知识链接

2022 年 3 月 6 日，习近平总书记在看望参加全国政协会议的农业界、社会福利和社会保障界委员时指出："贫穷不是社会主义，贫穷的平均主义不是社会主义，富裕但是不均衡、两极分化也不是社会主义。共同富裕才是社会主义。"①

① 《微镜头·习近平总书记两会"下团组"》，载《人民日报》2022 年 3 月 7 日，第 1 版。

试题

笔记区

关于共同富裕,以下哪项理解是错误的?(　　)[①]

A. 共同富裕不是少数人的富裕

B. 共同富裕是社会主义的本质要求

C. 共同富裕是平均主义,大家获得的都一样

D. 共同富裕不否定先富帮后富

① 答案:C。

笔记区

▶ 14. 国家为什么要建立健全同经济发展水平相适应的社会保障制度?

随着社会主义市场经济的深入发展和社会结构的深刻变革,不同地区和部门、不同群体和个人享受经济社会发展成果的多少有所不同,物质文化生活的改善程度也出现差异,社会保障问题日益成为广大人民群众关注的热点问题。社会保障直接关系广大人民群众的切身利益。建立健全同经济发展水平相适应的社会保障制度,是深化经济体制改革,完善社会主义市场经济体制的重要内容,是发展社会主义市场经济的客观要求,是社会稳定和国家长治久安的重要保证。为此,2004 年《中华人民共和国宪法修正案》第 23 条规定:"宪法第十四条增加一款,作为第四款:'国家建立健全同经济发展水平相适应的社会保障制度。'"

从宪法的规定来看,社会保障制度的建立要考虑到国家财政的负担能力,要与经济发展水平相适应,既不能落后于经济发展水平,否则发挥不了应有的作用,也不能超越经济发展水平,超出社会各方面的承受能力。在宪法中规定"建立健全同经济发展水平相适应的社会保障制度",充分体现了以人为本的思想,反映了经济与社会协调发展的要求,为建立健全社会保障制度提供了宪法依据。社会保障制度的建立和完善,将对完善社会主义市场经济体制,维护社会稳定和国家的长治久安,保障公民权利,实现共同富裕,发挥重要的促进作用。

知识链接

2021 年 2 月 26 日,习近平总书记在主持中共中央政治局第二十八次集体学习时强调:“社会保障是保障和改善民生、维护社会公平、增进人民福祉的基本制度保障,是促进经济社会发展、实现广大人民群众共享改革发展成果的重要制度安排,是治国安邦的大问题。要加大再分配力度,强化互助共济功能,把更多人纳入社会保障体系,为广大人民群众提供更可靠、更充分的保障,不断满足人民群众多层次多样化需求,健全覆盖全民、统筹城乡、公平统一、可持续的多层次社会保障体系,进一步织密社会保障安全网,促进我国社会保障事业高质量发展、可持续发展。”①

① 《习近平在中共中央政治局第二十八次集体学习时强调　完善覆盖全民的社会保障体系　促进社会保障事业高质量发展可持续发展》,载《人民日报》2021 年 2 月 28 日,第 1 版。

笔记区

试题

《中华人民共和国宪法》规定，公民在年老、疾病或者丧失劳动能力的情况下，有提供物质帮助义务的是(　　)。(多选)①

A. 国家　　B. 社会

C. 企业　　D. 公益组织

① 答案：AB。

笔记区

▶ 15. 为什么公民合法的私有财产受宪法和法律保护?

改革开放以来,随着经济发展和人民生活水平提高,公民拥有的私有财产普遍有了不同程度的增加,特别是越来越多的公民有了私人的生产资料,群众对用法律保护自己的财产有了更加迫切的要求。

《中华人民共和国宪法》第13条对公民私有财产的保护,具有如下三方面的意义:第一,进一步明确了对公民的合法的私有财产都给予保护,既保护公民的生活资料,也保护公民的生产资料,扩大了公民的私有财产权保护范围。第二,用"财产权"代替"所有权",在权利的含义上更加明确,也更加全面。第三,为了处理私有财产和公共利益的关系,既保护私有财产权,也实现公共利益,宪法明确规定可以依据法律对私有财产进行征收或者征用,但需要给予补偿。此外,我国法律为加强对公民私有财产的保护也作出了诸多规定,如《中华人民共和国民法典》第266条、第267条规定,从《中华人民共和国宪法》到《中华人民共和国民法典》等相关法律,我国形成了完整的保护私有财产权的法律规范体系。

笔记区

知识链接

《中华人民共和国宪法》第十三条 公民的合法的私有财产不受侵犯。

国家依照法律规定保护公民的私有财产权和继承权。

国家为了公共利益的需要，可以依照法律规定对公民的私有财产实行征收或者征用并给予补偿。

《中华人民共和国民法典》

第二百六十六条 私人对其合法的收入、房屋、生活用品、生产工具、原材料等不动产和动产享有所有权。

第二百六十七条 私人的合法财产受法律保护，禁止任何组织或者个人侵占、哄抢、破坏。

试题

根据《中华人民共和国宪法》的规定，国家依照法律规定保护公民的私有财产权和（　　）。[1]

A. 继承权　　B. 使用权

C. 处分权　　D. 占有权

---

① 答案：A。

笔记区

▶ 16. 出嫁女是否享有继承权?

案例

王某、李某夫妇家住某村,均为退休职工,育有一子王甲、一女王乙。女儿王乙出嫁后,户口已迁往丈夫所在村。王乙经常回家看望两位老人,老人若是生病,也是由子女轮流照顾。2012 年 11 月,两位老人遭遇煤气中毒,双双去世,留下存款 8 万元以及房屋 6 间。其房屋产权证上的名字为大儿子王甲。王甲主张王乙已经是“嫁出去的女儿,泼出去的水”,父母的遗产只能由自己单独继承。王乙对此表示反对,与王甲协商无果后诉至法院,要求按法律规定继承父母的遗产。2013 年 4 月法院开庭审理了本案,依法支持了王乙的诉讼请求。

法律评析

依据《中华人民共和国宪法》第 13 条、第 48 条的规定,妇女同男子享有的权利一律平等,无论是政治权利、人身权利,还是财产权利。继承权作为财产权,妇女自然同男子享有同样的权利。遵循宪法规范的价值指引,调整婚姻和继承关系的立法也高度关注男女在继承关系中的平等地位。继承权,是指自然人依照法律的直接规定或者被

笔记区

继承人所立的合法有效的遗嘱享有的继承被继承人遗产的权利。根据《中华人民共和国民法典》的相关规定，父母和子女有相互继承遗产的权利，继承权男女平等。因此，女儿无论是已出嫁还是未出嫁，都应与其兄弟享有平等的继承权利。本案中，“出嫁的女儿”积极承担了赡养义务，并无其他不当行为，理应合法合理继承父母遗产。

知识链接

《中华人民共和国宪法》

第十三条第二款　国家依照法律规定保护公民的私有财产权和继承权。

第四十八条第一款

中华人民共和国妇女在政治的、经济的、文化的、社会的和家庭的生活等各方面享有同男子平等的权利。

《中华人民共和国民法典》

第一千零七十条　父母和子女有相互继承遗产的权利。

第一千一百二十六条　继承权男女平等。

第一千一百二十七条　遗产按照下列顺序继承：

（一）第一顺序：配偶、子女、父母；

（二）第二顺序：兄弟姐妹、祖父母、外祖父母。

继承开始后，由第一顺序继承人继承，第二顺序继承人不继承;没有第一顺序继承人继承的,由第二顺序继承人继承。

笔记区

本编所称子女,包括婚生子女、非婚生子女、养子女和有扶养关系的继子女。

本编所称父母,包括生父母、养父母和有扶养关系的继父母。

本编所称兄弟姐妹,包括同父母的兄弟姐妹、同父异母或者同母异父的兄弟姐妹、养兄弟姐妹、有扶养关系的继兄弟姐妹。

第一千一百三十二条 继承人应当本着互谅互让、和睦团结的精神,协商处理继承问题。遗产分割的时间、办法和份额,由继承人协商确定;协商不成的,可以由人民调解委员会调解或者向人民法院提起诉讼。

《中华人民共和国妇女权益保障法》第三十四条第一款 妇女享有的与男子平等的财产继承权受法律保护。在同一顺序法定继承人中,不得歧视妇女。

纠纷解决技巧

目前,中国特色社会主义社会建设进入新时代,构筑中国精神、中国价值,女性是一支不可或缺的重要力量,实现性别平等具有重要意义。因此,需要在法律、政策层面加强对妇女继承权的保障。新时代进一步加强妇女继承

笔记区

权保护，一是要加大法律普及力度，增强女性继承权意识，在此前提下，女性在家庭中的财产继承才能更好落实。二是发挥居（村）委会调解民事纠纷以及妇联保护妇女权益的作用，鼓励继承人本着互谅互让、和睦团结的精神，协商处理继承问题。三是完善法律及司法救济途径，被非法剥夺继承权的出嫁女可以依法起诉确认自己的继承人身份以维护自身合法利益。

试题

以下哪些人依法享有遗产继承权？（　　）（多选）[①]

A. 配偶　　　　B. 子女

C. 父母　　　　D. 兄弟姐妹

① 答案：ABCD。

笔记区

▶ 17. 宪法是如何规定集体经济制度的?

生产资料的社会主义公有制,是我国经济制度的基础。《中华人民共和国宪法》第6条第1款规定:“中华人民共和国的社会主义经济制度的基础是生产资料的社会主义公有制,即全民所有制和劳动群众集体所有制。”因此,全民所有制和劳动群众集体所有制是我国社会主义公有制的两种基本形式。

集体所有制经济,是指由部分劳动群众共同占有生产资料的一种社会主义公有制形式,是社会主义公有制经济的重要组成部分。我国城乡集体经济在改革开放以后得到了巨大发展,在我国国民经济中占据了重要地位。为此,《中华人民共和国宪法》第8条第3款规定:“国家保护城乡集体经济组织的合法的权利和利益,鼓励、指导和帮助集体经济的发展。”为满足新形势下对集体经济有效保障的需要,1999年通过的《中华人民共和国宪法修正案》第15条又进一步规定:“农村集体经济组织实行家庭承包经营为基础、统分结合的双层经营体制。农村中的生产、供销、信用、消费等各种形式的合作经济,是社会主义劳动群众集体所有制经济。参加农村集体经济组织的劳动者,有权在法律规定的范围内经营自留地、自留山、家庭副业和饲养自留畜。”另外,《中华人民共和国宪法》第 9 条、第 10 条还规定:森林、山岭、草原、荒地、滩涂可以依照法律规定属于集体所有。农村和城市郊区的土地,除由法律规定属于国家所有的以外,属于集体所有;宅基地和自留地、自留山,也属于集体所有。集体所有制经济在我国国民经济中发挥着重要作用,是我国农村中的主要经济形式,城市和乡村许多领域中的人才、生产、流通以及生活服务事业都可依靠集体经济组织来兴办。

集体所有制是我国社会主义公有制的一种基本形式,但这并不等于说,我国社会主义公有制只能通过纯粹的集体所有制来实现。集体经济的具体组织形式,取决于生产力的发展水平和其他经济条件,在不同经济地区、不同产业部门和不同经济条件下,公有化的程度、分配方式以及合作的内容和方式可以有所不同。《中华人民共和国宪法》第 6 条第 2 款规定:国家在社会主义初级阶段,坚持公有制为主体、多种所有制经济共同发展的基本经济制度。这就表明,在坚持公有制的主体地位的前提下,我国宪法并不反对公有制实现形式的多样化,如股份制、混合所有制等。只有采取多种形式实现公有制的主体地位,我国经济制度的基础才能得以夯实。

笔记区

知识链接

2017年12月28日至29日,习近平总书记在中央农村工作会议上指出:“必须巩固和完善农村基本经营制度,走共同富裕之路。要坚持农村土地集体所有,坚持家庭经营基础性地位,坚持稳定土地承包关系,壮大集体经济,建立符合市场经济要求的集体经济运行机制,确保集体资产保值增值,确保农民受益。”①

试题

社会主义公有制经济包括什么?( )(多选)②

A. 国有经济

B. 集体经济

C. 混合所有制经济中的国有成分和集体成分

D. 民营经济

---

① 《中央农村工作会议在北京举行 习近平作重要讲话》,载《人民日报》2017年12月30日,第1版。

② 答案:ABC。

笔记区

▶ 18. 宪法是如何规定土地制度的?

土地制度是关于土地所有、占有、支配和使用等方面的原则、方式、手段和界限等政策、法律规范和制度的体系。《中华人民共和国宪法》第10条规定,城市的土地属于国家所有。农村和城市郊区的土地,除由法律规定属于国家所有的以外,属于集体所有;宅基地和自留地、自留山,也属于集体所有。国家为了公共利益的需要,可以依照法律规定对土地实行征收或者征用并给予补偿。任何组织或者个人不得侵占、买卖或者以其他形式非法转让土地。土地的使用权可以依照法律的规定转让。一切使用土地的组织和个人必须合理地利用土地。《中华人民共和国宪法》以根本法的形式正式确立了中国城市土地国家所有、城市郊区及农村土地集体所有的二元所有制原则。这是社会主义公有制体制的一种必然的制度安排,也是社会政治力量对比的必然结果。长期以来,这一基本土地制度对推进中国城市化、工业化进程,促进经济社会发展以及国家重大发展战略的落实,发挥了历史性作用。

为落实《中华人民共和国宪法》对土地制度的规定,全国人大常委会于1986年制定了《中华人民共和国土地管理法》,国务院于1991年制定了《中华人民共和国土地管

笔记区

理法实施条例》。再次明确我国实行土地的社会主义公有制,即全民所有制和劳动群众集体所有制。全民所有,即国家所有土地的所有权由国务院代表国家行使。任何单位和个人不得侵占、买卖或者以其他形式非法转让土地。土地使用权可以依法转让。国家为了公共利益的需要,可以依法对土地实行征收或者征用并给予补偿。

知识链接

2020 年 11 月 2 日,习近平总书记对推进农村土地制度改革、做好农村承包地管理工作作出重要指示强调:“开展农村承包地确权登记颁证工作,确定了对土地承包经营权的物权保护,让农民吃上长效‘定心丸’,巩固和完善了农村基本经营制度。新时代推进农村土地制度改革,要坚持把依法维护农民权益作为出发点和落脚点,坚持农村土地农民集体所有制不动摇,坚持家庭承包经营基础性地位不动摇。要运用农村承包地确权登记颁证成果,扎实推进第二轮土地承包到期后再延长 30 年工作,保持农村土地承包关系稳定并长久不变。”“要根据实践发展要求,丰富集体所有权、农户承包权、土地经营权的有效实现形式,促进农村土地资源优化配置,积极培育新型农业经营主体,发展壮大农业社会化服务组织,鼓励和支持广大小农户走同现代农业相结合的发展之路,使农村基本经营制度始终

笔记区

充满活力，不断为促进乡村全面振兴、实现农业农村现代化创造有利条件。”①

试题

我国土地的所有权属于(　　)。(多选)②

A. 国家所有　　B. 集体所有

C. 私人所有　　D. 实际利用者所有

① 《习近平对推进农村土地制度改革、做好农村承包地管理工作作出重要指示强调　坚持把依法维护农民权益作为出发点和落脚点　扎实推进第二轮土地承包到期后再延长 30 年工作　使农村基本经营制度始终充满活力》，载《人民日报》2020 年 11 月 3 日，第 1 版。

② 答案：AB。

笔记区

▶ 19. 村民是否可以合理利用集体所有的自然资源?

依据《中华人民共和国宪法》第9条、第10条的规定,矿藏、水流、森林、山岭、草原、荒地、滩涂等自然资源属于国家所有,法律可以规定森林、山岭、草原、荒地、滩涂等自然资源属于集体所有。城市的土地属于国家所有;农村和城市郊区的土地,宅基地和自留地、自留山属于集体所有。对国家所有或者集体所有的自然资源,公民个人或者组织可以合理利用。从上述规定来看,集体所有的自然资源包括法律规定属于集体所有的森林、山岭、草原、荒地、滩涂,以及农村和城市郊区的土地,宅基地和自留地、自留山等,村民可以合理利用集体所有的自然资源。

合理利用,是指根据自然资源的不同类型、性质、特点等,采取必要的措施,以实现自然最大的经济效益和社会效益。合理利用既赋予村民对自然资源利用的权利,反过来也使这种权利受到"合理"的限制。具体来讲,合理利用需要遵守以下要求:一是符合自然资源的本质属性,不能浪费自然资源;二是坚持适度原则,不能过度开发利用自然资源,造成自然资源的损害。另外,合理利用还包括满足生活需求的利用、依据习惯的利用等,如居住在河边的

笔记区

居民对河流中的水的使用并不侵犯国家对水流的所有权。

知识链接

《中华人民共和国宪法》第九条 矿藏、水流、森林、山岭、草原、荒地、滩涂等自然资源，都属于国家所有，即全民所有；由法律规定属于集体所有的森林和山岭、草原、荒地、滩涂除外。

国家保障自然资源的合理利用，保护珍贵的动物和植物。禁止任何组织或者个人用任何手段侵占或者破坏自然资源。

试题

我国的自然资源由谁所有？(　　)(多选)①

A. 国家所有

B. 若法律有具体规定可归集体所有

C. 先占取得

D. 企业所有

① 答案：AB。

笔记区

▶ 20. 农村集体经济组织是否可以强制流转农村土地?

案例

为建设蔬菜大棚,实施"菜篮子"工程,某县政府按照上级政府的安排,发布了建设4000亩的高标准蔬菜保供基地的文件,文件要求涉及的7个村的土地进行流转。某镇政府为实施县政府的统一规划,要求某村集体实施土地流转。在未征得该村村民同意的情况下,该村集体强制翻挖田地,流转土地。这一事例被报道后,农业农村部高度重视,立刻发函要求当地农业农村部门进行核查,派出调研组前往开展现场调查,并根据调查情况,及时督促地方进行整改,切实维护好农民的合法权益,依法处理相关责任人。

法律评析

农村和城市郊区的土地,除由法律规定属于国家所有的以外,属于集体所有。宅基地和自留地、自留山,也属于集体所有。对集体所有的土地,土地承包法规定实行采取农村集体经济组织内部的家庭承包方式或采取招标、拍卖、公开协商等方式承包。土地承包以后,土地所有权的

笔记区

性质不变，承包方可依据承包合同享有土地承包经营权。土地承包经营权在遵循依法、自愿、有偿的原则下可以进行流转，但任何组织和个人不得强迫或者阻碍土地经营权流转。本案中，该村集体在未征得村民同意的情况下，强制流转土地，违反《中华人民共和国宪法》《中华人民共和国土地承包法》等法律规定，应当予以纠正，并追究相关责任人的法律责任。

知识链接

《中华人民共和国宪法》第十条 城市的土地属于国家所有。

农村和城市郊区的土地，除由法律规定属于国家所有的以外，属于集体所有；宅基地和自留地、自留山，也属于集体所有。

国家为了公共利益的需要，可以依照法律规定对土地实行征收或者征用并给予补偿。

任何组织或者个人不得侵占、买卖或者以其他形式非法转让土地。土地的使用权可以依照法律的规定转让。

一切使用土地的组织和个人必须合理地利用土地。

《中华人民共和国土地承包法》

第三条 国家实行农村土地承包经营制度。

农村土地承包采取农村集体经济组织内部的家庭承

笔记区

包方式，不宜采取家庭承包方式的荒山、荒沟、荒丘、荒滩等农村土地，可以采取招标、拍卖、公开协商等方式承包。

第三十八条 土地经营权流转应当遵循以下原则：

（一）依法、自愿、有偿，任何组织和个人不得强迫或者阻碍土地经营权流转；

（二）不得改变土地所有权的性质和土地的农业用途，不得破坏农业综合生产能力和农业生态环境；

（三）流转期限不得超过承包期的剩余期限；

（四）受让方须有农业经营能力或者资质；

（五）在同等条件下，本集体经济组织成员享有优先权。

纠纷解决技巧

纠纷可以通过双方协商达成协议，或者请求上级土地主管部门进行调解。若土地流转争议双方协商或调解不成，可以向农村土地承包仲裁机构申请仲裁，也可以直接向人民法院起诉。

笔记区

试题

以下哪些行为属于违法强制流转农村土地？（　　）（多选）[①]

A. 村集体以村民委员会假借少数服从多数的名义，违背农民意愿，强制推行土地承包经营权流转

B. 村集体利用职权干涉农村土地承包、强迫承包双方变更、解除合同

C. 村集体以其他形式侵占、贪污、挪用、征用农民集体土地补偿费

D. 强迫或者阻碍承包方进行土地承包经营权的互换、转让或者土地经营权流转

---

① 答案：ABCD。

笔记区

▶ 21. 农村女性是否可以参与分配宅基地?

案例

小红是某村村民。2019 年外嫁到邻村,但因为夫妻关系不和,两人于 2020 年离婚。随后,小红把户口迁移到了某村。考虑到与父母在一起生活不便,小红想要申请宅基地,建自己的房子。于是小红向村集体申请划拨宅基地。但村集体以小红属于出嫁女为由,拒绝了小红的请求。后小红提起了诉讼,法院判决小红有权获得宅基地。

法律评析

我国宪法规定,妇女在政治、经济、文化、社会和家庭生活等各方面享有同男子平等的权利。《中华人民共和国妇女权益保障法》第 32 条规定了女性同男性在宅基地分配、使用上的平等权利。土地管理法规定了宅基地分配的原则,即农村村民一户只能拥有一处宅基地,其宅基地的面积不得超过省、自治区、直辖市规定的标准。也就是说,宅基地的分配是以“户”为单位确定的。本案中,小红以自己的名义申请宅基地,符合“一户一宅基地”的规定,应当予以批准。在处理这类问题时,法律坚持了平等原则,保障了妇女同男子完全平等的权利。

笔记区

知识链接

《中华人民共和国妇女权益保障法》第三十二条 妇女在农村土地承包经营、集体经济组织收益分配、土地征收或者征用补偿费使用以及宅基地使用等方面，享有与男子平等的权利。

《中华人民共和国土地管理法》第六十二条 农村村民一户只能拥有一处宅基地，其宅基地的面积不得超过省、自治区、直辖市规定的标准。

人均土地少、不能保障一户拥有一处宅基地的地区，县级人民政府在充分尊重农村村民意愿的基础上，可以采取措施，按照省、自治区、直辖市规定的标准保障农村村民实现户有所居。

农村村民建住宅，应当符合乡（镇）土地利用总体规划、村庄规划，不得占用永久基本农田，并尽量使用原有的宅基地和村内空闲地。编制乡（镇）土地利用总体规划、村庄规划应当统筹并合理安排宅基地用地，改善农村村民居住环境和条件。

农村村民住宅用地，由乡（镇）人民政府审核批准；其中，涉及占用农用地的，依照本法第四十四条的规定办理审批手续。

农村村民出卖、出租、赠与住宅后，再申请宅基地的，不予批准。

笔记区

国家允许进城落户的农村村民依法自愿有偿退出宅基地,鼓励农村集体经济组织及其成员盘活利用闲置宅基地和闲置住宅。

国务院农业农村主管部门负责全国农村宅基地改革和管理有关工作。

纠纷解决技巧

如果农村妇女户口在娘家或婆家就需要跟娘家或婆家共用一处宅基地,不能单独申请宅基地,而如果女性村民是独立的一户,户口在集体,且属于住房困难户、无房户、缺房户等,则可以与男子享受平等的宅基地权益,可以申请宅基地。为有效维护农村妇女宅基地权益,首先,农村妇女应当在集体经济组织名册上登记为集体经济组织成员;其次,及时到不动产登记机构登记已分配的宅基地使用权;最后,因婚嫁离开原农民集体,取得新家庭宅基地使用权的,也应依法予以确权登记。

笔记区

试题

以下哪些说法是错误的？（　　）（多选）[①]

A. 出嫁的农村女性不能再分配宅基地

B. 出嫁的农村女性既可以分配原来集体经济组织中的宅基地，又可以分配丈夫所在集体经济组织中的宅基地

C. 农村妇女分配的宅基地面积应当少于农村男性

D. 妇女在农村土地承包经营方面享有与男子同等的权利

① 答案：ABC。

笔记区

▶ 22. 进城农民是否可以享受村集体的分红?

案例

某村村民王某在上海市区工作多年,配偶和孩子也都在上海市区工作和生活。2021 年 12 月,该村召开村民会议,表决通过对村集体收益进行分红。因为王某长期在上海市区生活,村集体决议不给予王某分红。王某知道以后,向村集体主张享受分红。王某的理由是自己虽然在上海市生活,但自己的户籍仍然在该村,自己仍然是村集体成员,应当有权参与分红。

法律评析

传统意义上,农民是指长期从事农业生产工作的人,但随着城市化进程的不断加深,部分农民进城务工,不依靠土地生存却依旧保留着其农民的身份及其相应的权利。因此,现有的农民范围也不仅局限于从事农业生产劳动的人。《中华人民共和国民法典》第 96 条承认了集体经济组织属于民法上的特殊法人,农民则成为集体经济组织的成员。享受村集体的分红,是指村集体经济组织成员可以依法享有在该集体经济组织居住、生产、收益、分配的权利。进城农民是否享受村集体分红的核心在于,该农民集体经

笔记区

济组织成员资格的认定。认定农村集体经济组织成员资格的标准有三：一是户籍标准，即该农民的户籍在村集体经济组织所在地；二是生产经验标准，即该农民在农村集体经济组织所在地长期生产、生活；三是生活保障兜底标准，即该农民以农村集体经济组织的土地为基本生活保障且未被纳入其他基本生活保障体系。虽然未有相关的法律规定，但最高人民法院的裁判观点认为，农民家庭长期在外居住生活，并不因此丧失该村集体经济组织成员资格和宅基地使用权。以此来看，王某有权利享受村集体的分红。

知识链接

《中华人民共和国民法典》

第九十六条 本节规定的机关法人、农村集体经济组织法人、城镇农村的合作经济组织法人、基层群众性自治组织法人，为特别法人。

第二百六十一条 农民集体所有的不动产和动产，属于本集体成员集体所有。

下列事项应当依照法定程序经本集体成员决定：

（一）土地承包方案以及将土地发包给本集体以外的组织或者个人承包；

（二）个别土地承包经营权人之间承包地的调整；

笔记区

（三）土地补偿费等费用的使用、分配办法；

（四）集体出资的企业的所有权变动等事项；

（五）法律规定的其他事项。

国务院《关于稳步推进农村集体产权制度改革的意见》 （十）确认农村集体经济组织成员身份。依据有关法律法规，按照尊重历史、兼顾现实、程序规范、群众认可的原则，统筹考虑户籍关系、农村土地承包关系、对集体积累的贡献等因素，协调平衡各方利益，做好农村集体经济组织成员身份确认工作，解决成员边界不清的问题。改革试点中，要探索在群众民主协商基础上确认农村集体经济组织成员的具体程序、标准和管理办法，建立健全农村集体经济组织成员登记备案机制。成员身份的确认既要得到多数人认可，又要防止多数人侵犯少数人权益，切实保护妇女合法权益。提倡农村集体经济组织成员家庭今后的新增人口，通过分享家庭内拥有的集体资产权益的办法，按章程获得集体资产份额和集体成员身份。

纠纷解决技巧

进城农民的权益保障问题是实施乡村振兴战略的必然要求，只有切实保障进城农民的合法权益，才能顺利推行农村城镇化发展。因此，需要在法律、政策层面加强对农民成员权的保障。一是明确村集体成员的标准。我国

笔记区

村集体经济组织成员实行登记备案制，进城农民应当及时办理登记备案以确保自己在村集体中的相关权益；二是若村集体的决议恶意排除经济组织成员合法利益的取得，如外嫁女不得享有集体的分红等，可以依法起诉确认自己的成员资格以维护自身合法利益；三是鼓励村民自治，引导村集体事前对此制定明确的规定，让纠纷在村集体内部得到妥善解决。

试题

以下哪些说法是错误的？（ ）（多选）①

A. 进城务工的小李不可分配宅基地

B. 进城务工的小花不可以自主分包土地

C. 必须在集体经济组织所在地长期居住才可以参与村集体的分红

D. 个别土地承包经营权人之间的土地调整应按法定程序由集体决定

① 答案：ABC。

笔记区

▶ 23. 征收土地需要符合什么条件?

征收是基于公共利益的需要,按照法律规定的程序,在依法给予补偿的前提下,改变财产所有权的法律制度。在这一点上,征收不同于征用,征用只是使用权的改变。《中华人民共和国宪法》明确规定了土地征收制度,其第10条第3款规定,“国家为了公共利益的需要,可以依照法律规定对土地实行征收或者征用并给予补偿”。从宪法规定来看,征收土地需要符合以下三个条件:第一,征收的目的是公共利益的需要。公共利益是社会共同体的基础,是社会各种利益的整合。国家是公共利益的维护者。第二,符合法律规定的程序。依据《中华人民共和国土地管理法》的规定,土地征收一般按照下列步骤:征地预告知和风险评估、征地审批、征地公告、补偿安置方案。第三,依法给予补偿。征收土地应当给予公平、合理的补偿,保障被征地农民原有生活水平不降低、长远生计有保障。

知识链接

《中华人民共和国宪法》第十条 城市的土地属于国家所有。

农村和城市郊区的土地,除由法律规定属于国家所有

笔记区

的以外，属于集体所有；宅基地和自留地、自留山，也属于集体所有。

国家为了公共利益的需要，可以依照法律规定对土地实行征收或者征用并给予补偿。

任何组织或者个人不得侵占、买卖或者以其他形式非法转让土地。土地的使用权可以依照法律的规定转让。

一切使用土地的组织和个人必须合理地利用土地。

试题

征收农村集体土地时，对地上附着物和已种植的青苗应当予以补偿，但是对（　　）一律不予补偿。（多选）①

A. 征收之前已经种植的农作物

B. 征收之前已经建造的房屋

C. 征收以后抢种的农作物

D. 征收以后加盖的房屋

---

① 答案：CD。

笔记区

▶ 24. 宪法为什么规定要推广全国通用的普通话?

语言文字是文化传承的载体,是国家繁荣发展的根基。语言文字工作关系国家的统一、民族的团结、社会的进步。实现国家通用语言文字的规范化、标准化,是促进民族间交流、普及文化教育、发展科学技术、适应现代经济和社会发展的需要。《中华人民共和国宪法》第 19 条第 5 款明确规定,“国家推广全国通用的普通话”。根据《中华人民共和国国家通用语言文字法》的规定,国家通用语言文字是普通话和规范汉字。我国是一个多民族、多语言、多文种的国家,有 56 个民族、70 多种语言、50 多种文字,用法律的形式确定普通话和规范汉字作为国家通用语言文字的地位,规定国家通用语言文字的使用范围,有利于语言文字的社会应用,有利于各民族之间的交往,有利于促进民族团结,维护国家统一。

知识链接

《中华人民共和国宪法》第十九条 国家发展社会主义的教育事业,提高全国人民的科学文化水平。

国家举办各种学校,普及初等义务教育,发展中等教

笔记区

育、职业教育和高等教育,并且发展学前教育。

国家发展各种教育设施,扫除文盲,对工人、农民、国家工作人员和其他劳动者进行政治、文化、科学、技术、业务的教育,鼓励自学成才。

国家鼓励集体经济组织、国家企业事业组织和其他社会力量依照法律规定举办各种教育事业。

国家推广全国通用的普通话。

试题

以下哪些是国家推广全国通用的普通话的理由?(　　)(多选)①

A. 实现国家通用语言的标准化、规范化

B. 有利于民族之间的交流

C. 有利于促进民族团结,维护国家统一

D. 有利于文化发展

① 答案:ABCD。

笔记区

▶ 25. 集体经济组织进行经济活动的自主权如何保障?

经营自主权,是经济主体在不违反国家法律的前提下所拥有的调配使用自己的人力、物力、财力,自行组织生产经营的权利。宪法明确规定了集体经济组织的经营自主权。依据《中华人民共和国宪法》第17条第1款的规定,集体经济组织在遵守有关法律的前提下,有独立进行经济活动的自主权。这一规定体现了集体经济组织与全民所有制企业在权利上的差别。在集体经济组织中,生产资料的所有者和生产经营活动的经营者是一致的,都是集体经济组织的全体劳动者,这与全民所有制企业的所有权与经营权的分离是不同的。按照《中华人民共和国宪法》第8条第3款的规定,国家保护城乡集体经济组织的合法的权利和利益。国家必须尊重集体经济组织的经济活动自主权,同时国家还负有鼓励、指导和帮助集体经济组织发展的义务。

知识链接

《中华人民共和国宪法》

第八条 农村集体经济组织实行家庭承包经营为基

笔记区

础、统分结合的双层经营体制。农村中的生产、供销、信用、消费等各种形式的合作经济，是社会主义劳动群众集体所有制经济。参加农村集体经济组织的劳动者，有权在法律规定的范围内经营自留地、自留山、家庭副业和饲养自留畜。

城镇中的手工业、工业、建筑业、运输业、商业、服务业等行业的各种形式的合作经济，都是社会主义劳动群众集体所有制经济。

国家保护城乡集体经济组织的合法的权利和利益，鼓励、指导和帮助集体经济的发展。

第十七条 集体经济组织在遵守有关法律的前提下，有独立进行经济活动的自主权。

集体经济组织实行民主管理，依照法律规定选举和罢免管理人员，决定经营管理的重大问题。

25. 集体经济组织进行经济活动的自主权如何保障?

试题

笔记区

以下哪项说法是错误的?( )[1]

A. 村民委员会可以强制流转集体经济组织的土地承包权

B. 集体经济组织实行民主管理

C. 集体经济组织和村民委员会共同享有集体经济组织经济活动的自主权

D. 国家负有鼓励、指导、帮助集体经济组织发展的义务

① 答案:A。

笔记区

▶ 26. 生态文明建设在我国宪法上是如何体现的？

建设生态文明，是关系人民福祉、关乎民族未来的长远大计，要把生态文明建设放在突出地位，融入经济建设、政治建设、文化建设、社会建设各方面和全过程，努力建设美丽中国，实现中华民族永续发展。《中华人民共和国宪法》第 26 条第 1 款规定，国家保护和改善生活环境和生态环境，防治污染和其他公害，明确了对生态环境的保护。2018 年《中华人民共和国宪法》修改，把“生态文明建设”写入宪法，使宪法关于环境保护的规范体系更为完备，也与第 26 条共同成为“环境宪法”的核心内容。宪法中有两处直接体现了生态文明建设：一是序言。2018 年《中华人民共和国宪法》修改时，把“推动物质文明、政治文明和精神文明协调发展，把我国建设成为富强、民主、文明的社会主义国家”修改为“推动物质文明、政治文明、精神文明、社会文明、生态文明协调发展，把我国建设成为富强民主文明和谐美丽的社会主义现代化强国，实现中华民族伟大复兴”。生态文明建设成为国家目标。二是第 89 条关于国务院职权的规定。《中华人民共和国宪法》第 89 条第 6 项规定，“领导和管理经济工作和城乡建设、生态文

笔记区

明建设”。这就在宪法上明确了生态文明建设的管理体制。

为什么要这样规定呢？2018 年《中华人民共和国宪法》修改时,《关于〈中华人民共和国宪法修正案(草案)〉的说明》解释了原因:从物质文明、政治文明和精神文明协调发展到物质文明、政治文明、精神文明、社会文明、生态文明协调发展,是我们党对社会主义建设规律认识的深化,是对中国特色社会主义事业总体布局的丰富和完善。把我国建设成为富强民主文明和谐美丽的社会主义现代化强国,实现中华民族伟大复兴,是党的十九大确立的奋斗目标。作这样的修改,在表述上与党的十九大报告相一致,有利于引领全党全国人民把握规律、科学布局,在新时代不断开创党和国家事业发展新局面,齐心协力为实现“两个一百年”奋斗目标、实现中华民族伟大复兴的中国梦而不懈奋斗。

知识链接

2019 年 4 月 28 日,习近平主席在 2019 年中国北京世界园艺博览会开幕式上的讲话指出:“现在,生态文明建设已经纳入中国国家发展总体布局,建设美丽中国已经成为中国人民心向往之的奋斗目标。中国生态文明建设进入了快车道,天更蓝、山更绿、水更清将不断展

笔记区

现在世人面前。”①

《中华人民共和国宪法》第二十六条 国家保护和改善生活环境和生态环境，防治污染和其他公害。

国家组织和鼓励植树造林，保护林木。

试题

以下哪些属于将生态文明建设写入宪法的意义？(　　)(多选)②

A. 倡明了“五位一体”总体布局的科学性

B. 有利于引领全党全国人民把握规律、科学布局

C. 提升了美丽中国美好生活的深刻内涵

D. 为生态环境保护提供了有力保障

① 习近平：《共谋绿色生活，共建美丽家园——在二〇一九年中国北京世界园艺博览会开幕式上的讲话》，载《人民日报》2019年4月29日，第2版。

② 答案：ABCD。

笔记区

▶ 27. 全国人大的性质和地位是什么?

根据《中华人民共和国宪法》第57条、第58条的规定,全国人民代表大会是最高国家权力机关,行使国家立法权。全国人民代表大会作为最高国家权力机关,是从全国人民代表大会的性质和它在整个国家机构体系中的地位的角度来说的,这与坚持中国共产党对国家的全面领导是完全一致的。

第一,全国人民代表大会作为全国人民的代表机关,具有广泛的代表性。全国人民代表大会由省、自治区、直辖市、特别行政区和军队选出的代表组成。各少数民族都应当有适当名额的代表。宪法规定,国家的一切权力属于人民,而全国人民代表大会集中代表全国人民的根本利益和意志。

第二,全国人民代表大会统一行使国家权力。全国人民代表大会有权修改宪法、监督宪法的实施;作为行使国家立法权的机关,有权制定和修改基本法律;全国人民代表大会选举或决定国家领导人;决定国家的重大事项;全国人民代表大会还行使应当由最高国家权力机关行使的其他职权。

第三,全国人民代表大会在整个国家机构体系中居于

笔记区

最高地位。全国人民代表大会居于国务院、中央军事委员会、国家监察委员会、最高人民法院和最高人民检察院等其他中央国家机关之上,既不和它们并列,也不受它们制约;国家行政机关、监察机关、审判机关、检察机关都由全国人民代表大会产生,执行它制定和修改的法律和通过的决议。

知识链接

2022 年 3 月 1 日,习近平总书记在中央人大工作会议上的讲话指出:“实践证明,人民代表大会制度是符合我国国情和实际、体现社会主义国家性质、保证人民当家作主、保障实现中华民族伟大复兴的好制度,是我们党领导人民在人类政治制度史上的伟大创造,是在我国政治发展史乃至世界政治发展史上具有重大意义的全新政治制度。人民代表大会制度,坚持中国共产党领导,坚持马克思主义国家学说的基本原则,适应人民民主专政的国体,有效保证国家沿着社会主义道路前进。人民代表大会制度,坚持国家一切权力属于人民,最大限度保障人民当家作主,把党的领导、人民当家作主、依法治国有机统一起来,有效保证国家治理跳出治乱兴衰的历史周期率。人民代表大会制度,正确处理事关国家前途命运的一系列重大政治关系,实现国家统一高效组织各项事业,维护国家统一和民

笔记区

族团结，有效保证国家政治生活既充满活力又安定有序。”①

《中华人民共和国宪法》

第五十七条 中华人民共和国全国人民代表大会是最高国家权力机关。它的常设机关是全国人民代表大会常务委员会。

第五十八条 全国人民代表大会和全国人民代表大会常务委员会行使国家立法权。

试题

全国人民代表大会的性质是什么？（ ）②

A. 行政机关　　B. 权力机关

C. 司法机关　　D. 监察机关

---

① 习近平：《在中央人大工作会议上的讲话》，载《求是》2022 年第 5 期。

② 答案：B。

笔记区

▶ 28. 人大代表有哪些权利和义务?

人民代表大会制度是我国的根本政治制度。根据《中华人民共和国宪法》第 2 条第 1 款的规定,中华人民共和国的一切权力属于人民。人民行使国家权力的机关是全国人民代表大会和地方各级人民代表大会。人大代表代表人民在全国人民代表大会和各级人民代表大会行使权力。

根据《中华人民共和国宪法》和《中华人民共和国全国人民代表大会和地方各级人民代表大会代表法》等法律的相关规定,人大代表享有以下权利:出席本级人民代表大会会议,参加审议各项议案、报告和其他议题,发表意见;依法联名提出议案、质询案、罢免案等;提出对各方面工作的建议、批评和意见;参加本级人民代表大会的各项选举;参加本级人民代表大会的各项表决;获得依法执行代表职务所需的信息和各项保障;法律规定的其他权利。

人大代表应当履行以下义务:模范地遵守宪法和法律,保守国家秘密,在自己参加的生产、工作和社会活动中,协助宪法和法律的实施;按时出席本级人民代表大会会议,认真审议各项议案、报告和其他议题,发表意见,做好会议期间的各项工作;积极参加统一组织的视察、专题调研、执法检查等履职活动;加强履职学习和调查研究,不断提高执行代表职务的能力;与原选区选民或者原选举单位和人民群众保持密切联系,听取和反映他们的意见和要求,努力为人民服务;自觉遵守社会公德,廉洁自律,公道正派,勤勉尽责;法律规定的其他义务。

笔记区

知识链接

《中华人民共和国全国人民代表大会和地方各级人民代表大会代表法》

第三条 代表享有下列权利:

(一)出席本级人民代表大会会议,参加审议各项议案、报告和其他议题,发表意见;

(二)依法联名提出议案、质询案、罢免案等;

(三)提出对各方面工作的建议、批评和意见;

(四)参加本级人民代表大会的各项选举;

(五)参加本级人民代表大会的各项表决;

(六)获得依法执行代表职务所需的信息和各项保障;

(七)法律规定的其他权利。

第四条 代表应当履行下列义务:

(一)模范地遵守宪法和法律,保守国家秘密,在自己参加的生产、工作和社会活动中,协助宪法和法律的实施;

(二)按时出席本级人民代表大会会议,认真审议各项

笔记区

议案、报告和其他议题，发表意见，做好会议期间的各项工作；

（三）积极参加统一组织的视察、专题调研、执法检查等履职活动；

（四）加强履职学习和调查研究，不断提高执行代表职务的能力；

（五）与原选区选民或者原选举单位和人民群众保持密切联系，听取和反映他们的意见和要求，努力为人民服务；

（六）自觉遵守社会公德，廉洁自律，公道正派，勤勉尽责；

（七）法律规定的其他义务。

试题

以下哪项属于人大代表的权利？（　　）[①]

A. 立法权　　B. 决定权

C. 提案权　　D. 人事任免权

---

① 答案：C。

笔记区

29. 我国宪法监督制度的基本内容是什么?

宪法是根本法,具有最高的法律效力。一切法律、行政法规和地方性法规都不得同宪法相抵触,否则无效。为了维护宪法权威,保障法制统一,需要建立宪法监督制度,形成以宪法为核心的社会主义法治体系。

建立实效性的宪法监督制度,对宪法实施活动进行监督,是依法治国的基本内容,也是建设社会主义法治国家的必然要求。在我国,宪法监督的最终目标是达到依宪治国、依宪执政,维护国家法制统一、尊严、权威,追究一切违反宪法法律的行为。其具体目标如下:(1)保证党中央令行禁止;(2)保障宪法法律实施;(3)保护公民合法权益;(4)维护国家法制统一;(5)促进制定机关提高法规、司法解释制定水平。

我国宪法监督制度的构成主要包括以下四个方面:

第一,宪法解释程序机制。我国采用最高国家权力机关解释宪法的体制,宪法明确规定由全国人大常委会解释宪法。第二,合宪性审查。在我国最高国家权力机关监督宪法实施的体制下,全国人大和全国人大常委会负责对所有的规范性文件进行合宪性审查。第三,备案审查制度。我国针对不同性质和效力的规范性文件,建立了多套备案

笔记区

审查机制：(1)全国人大常委会对法规、司法解释进行备案审查；(2)地方人大常委会对本行政区域其他国家机关和下级人大及其常委会的规范性文件进行备案审查；(3)国务院对地方性法规、规章等规范性文件进行备案审查；(4)中共中央办公厅及上级党组织对党内法规及规范性文件进行备案审查；(5)中央军委法制局对军事法规及规范性文件进行备案审查。备案审查包括合宪性审查、合法性审查及适当性审查。这五套规范性文件备案审查机制之间还形成了联动衔接机制。此外，依据《中华人民共和国香港特别行政区基本法》和《中华人民共和国澳门特别行政区基本法》的规定，特别行政区立法机关制定的法律必须提交全国人大常委会备案，全国人大常委会对交来备案的特别行政区法律有权进行审查，可将此视为第六套备案审查机制。第四，依法撤销和纠正违宪违法的规范性文件。在我国，撤销和纠正违法的规范性文件的机制主要有：(1)行政复议制度；(2)行政诉讼制度；(3)备案审查制度；(4)其他机制。依法撤销或者纠正违宪的规范性文件，是监督和保证宪法实施的必要举措，也是维护宪法权威和尊严的重要机制。

知识链接

笔记区

《中华人民共和国宪法》序言第十三自然段 本宪法以法律的形式确认了中国各族人民奋斗的成果,规定了国家的根本制度和根本任务,是国家的根本法,具有最高的法律效力。全国各族人民、一切国家机关和武装力量、各政党和各社会团体、各企业事业组织,都必须以宪法为根本的活动准则,并且负有维护宪法尊严、保证宪法实施的职责。

《中华人民共和国立法法》第九十七条 改变或者撤销法律、行政法规、地方性法规、自治条例和单行条例、规章的权限是:

(一)全国人民代表大会有权改变或者撤销它的常务委员会制定的不适当的法律,有权撤销全国人民代表大会常务委员会批准的违背宪法和本法第七十五条第二款规定的自治条例和单行条例;

(二)全国人民代表大会常务委员会有权撤销同宪法和法律相抵触的行政法规,有权撤销同宪法、法律和行政法规相抵触的地方性法规,有权撤销省、自治区、直辖市的人民代表大会常务委员会批准的违背宪法和本法第七十五条第二款规定的自治条例和单行条例;

(三)国务院有权改变或者撤销不适当的部门规章和地方政府规章;

笔记区

（四）省、自治区、直辖市的人民代表大会有权改变或者撤销它的常务委员会制定的和批准的不适当的地方性法规；

（五）地方人民代表大会常务委员会有权撤销本级人民政府制定的不适当的规章；

（六）省、自治区的人民政府有权改变或者撤销下一级人民政府制定的不适当的规章；

（七）授权机关有权撤销被授权机关制定的超越授权范围或者违背授权目的的法规，必要时可以撤销授权。

试题

以下哪项不属于宪法监督制度的构成？（　　）①

A. 合宪性审查　　B. 司法解释

C. 备案审查制度　　D. 法律解释

① 答案：B。

笔记区

▶ 30. 国务院的性质和地位是什么?

《中华人民共和国宪法》第 85 条规定了国务院是中央人民政府,是最高国家权力机关的执行机关,是最高国家行政机关。

国务院即中央人民政府的规定表明在国际关系中,国务院就是中华人民共和国,代表中华人民共和国同外国政府进行交往、谈判、签订国际条约和政府协定等。在国内的国家机构体系中,这一规定还表明了国务院与各级人民政府之间的关系,即其他各级人民政府都是地方政府,接受国务院的统一领导。

国务院是最高国家权力机关的执行机关的规定表明了全国人大及其常委会与国务院的关系。在我国,全国人大及其常委会行使国家立法权,把全国人民的意志上升为法律,并决定国家重大事项。但是,全国人大及其常委会并不负责执行法律,具体的法律执行由国务院负责。同时,国务院由全国人大及其常委会决定产生,接受全国人大及其常委会的监督,向全国人大及其常委会负责并报告工作。这体现了我国国家权力之间的统一与分工关系。

国务院是国家最高行政机关一方面表明国务院行使的权力是行政权,而不是立法权、司法权、法律监督权、监

笔记区

察权;另一方面表明国务院决定的事项是全国范围内的重要事项,并不负责全国范围内的所有行政事务,而是领导、指导和监督其他行政机关的行政事务。

知识链接

《中华人民共和国宪法》

第八十五条 中华人民共和国国务院,即中央人民政府,是最高国家权力机关的执行机关,是最高国家行政机关。

第九十二条 国务院对全国人民代表大会负责并报告工作;在全国人民代表大会闭会期间,对全国人民代表大会常务委员会负责并报告工作。

试题

国务院的性质是什么?( )①

A. 行政机关 B. 权力机关

C. 司法机关 D. 法律监督机关

① 答案:A。

笔记区

▶ 31. 人民法院依法独立行使审判权的含义是什么？

根据《中华人民共和国宪法》第131条的规定，人民法院依照法律规定独立行使审判权，不受行政机关、社会团体和个人的干涉。人民法院依照法律规定独立行使审判权，是指人民法院的独任法官、合议庭或者审判委员会等审判组织审判案件时，既要坚持“让审理者裁判，由裁判者负责”的司法责任制，又要代表人民法院，以人民法院的名义行使审判权。对于特定案件的审判，还要依法坚持由合议庭、专业法官会议、审判委员会等集体讨论决策，集中法院的智慧，以保证法律统一适用，实现案件公正裁判。

同时，为了保证全国法院裁判标准的统一，维护司法公正，《中华人民共和国宪法》第132条第2款规定，最高人民法院监督地方各级人民法院和专门人民法院的审判工作，上级人民法院监督下级人民法院的审判工作。这里的监督，包括制定司法解释和司法政策文件、发布指导性和参考性案例、依照法律程序纠正下级法院的错误裁判等。为防止人民法院之外的机关和个人干预人民法院依法独立行使审判权，国家建立了领导干部等干预司法活动、插手具体案件处理的记录、通报和责任追究制度，以确

笔记区

保人民法院依法独立行使审判权原则得到落实。

知识链接

《中华人民共和国宪法》第一百三十一条 人民法院依照法律规定独立行使审判权，不受行政机关、社会团体和个人的干涉。

试题

以下哪项关于人民法院的说法是正确的？（ ）[①]

A. 审判独立是法官独立

B. 人民法院是国家的审判机关

C. 上下级人民法院之间是领导与被领导的关系

D. 人民法院接受人民代表大会领导

① 答案：B。

笔记区

32. 人民检察院的性质和地位是什么?

人民检察院是国家的法律监督机关,是我国国家机构的重要组成部分。其包括以下三个方面的含义:第一,人民检察院是法律监督机关,是专门行使检察权的检察机关。第二,人民检察院是国家的法律监督机关。即人民检察院代表国家行使检察权,以国家的名义进行法律监督,以保障法律统一正确实施。第三,人民检察院通过行使检察权进行法律监督,区别于其他形式的监督。法律监督是指人民检察院通过检察活动,依法对有关机关和人员的行为是否合法进行监督。

在国家机构体系中,人民检察院具有独立的宪法地位,但上下级检察院是领导与被领导的关系。人民检察院的独立性表现在以下方面:首先,检察机关与行政机关、监察机关、审判机关和军事领导机关等其他国家机关是分别设立的。其次,检察官不得兼任人民代表大会常务委员会的组成人员,不得兼任行政机关、监察机关、审判机关以及企业、事业单位的职务。最后,人民检察院依照法律规定独立行使检察权,不受行政机关、社会团体和个人的干涉。各级党政机关和领导干部要支持人民检察院依法独立公正行使职权。国家建立了领导干部等干预司法活动、插手

笔记区

具体案件处理的记录、通报和责任追究制度，以确保人民检察院依法独立行使检察权。

知识链接

《中华人民共和国宪法》

第一百三十四条 中华人民共和国人民检察院是国家的法律监督机关。

第一百三十六条 人民检察院依照法律规定独立行使检察权，不受行政机关、社会团体和个人的干涉。

第一百三十七条 最高人民检察院是最高检察机关。

最高人民检察院领导地方各级人民检察院和专门人民检察院的工作，上级人民检察院领导下级人民检察院的工作。

试题

人民检察院的性质是什么？（　　）①

A. 国家的法律监督机关

B. 国家的行政机关

C. 国家的监察机关

D. 国家的立法机关

---

① 答案：A。

笔记区

▶ 33. 监察委员会的性质和地位是什么?

我国各级监察委员会是国家的监察机关,是行使国家监察职能的专责机关,依法对所有行使公权力的公职人员进行监察,调查职务违法和职务犯罪,开展廉政建设和反腐败工作,维护宪法和法律的尊严。

监察委的性质和地位具体可以从以下三个方面理解:

第一,监察委员会是国家的监察机关,是国家机构体系的组成部分。国家监察委员会由全国人民代表大会产生,地方各级监察委员会由本级人民代表大会产生。国家监察委员会对全国人民代表大会及其常务委员会负责,并接受其监督。地方各级监察委员会对本级人民代表大会及其常务委员会和上一级监察委员会负责,并接受其监督。宪法确立了监察委员会作为国家机构的宪法地位。各级监察委员会依照宪法和法律规定的职责、权限和程序行使监察权,实现国家监察全面覆盖,深入开展反腐败工作,推进国家治理体系和治理能力现代化。

第二,监察委员会是行使国家监察职能的专责机关,是国家监督体系的组成部分。专责机关不仅强调监察委员会的专业化特征、专门性职责,更加突出强调了监察委员会的责任,行使监察权不仅是监察委员会的职权,更是

笔记区

职责和使命担当。监察委员会依照法律规定独立行使监察权,不受行政机关、社会团体和个人的干涉。明确“各级监察委员会是行使国家监察职能的专责机关”与党章关于“党的各级纪律检查委员会是党内监督专责机关”相呼应,有利于构建党统一指挥、全面覆盖、权威高效的监督体系。

第三,监察委员会是实现党和国家自我监督的政治机关。监察委员会依法行使的监察权,不是行政监察、反贪反渎、预防腐败职能的简单叠加,而是人民代表大会制度下一项与行政权、审判权、检察权并列的国家权力。各级监察委员会在党的直接领导下,代表党和国家对所有行使公权力的公职人员进行监督,既调查职务违法行为,又调查职务犯罪行为。监察机关的性质、地位和职权既不同于行政机关,也有别于司法机关。

知识链接

《中华人民共和国宪法》

第一百二十三条　中华人民共和国各级监察委员会是国家的监察机关。

第一百二十五条　中华人民共和国国家监察委员会是最高监察机关。

国家监察委员会领导地方各级监察委员会的工作,上级监察委员会领导下级监察委员会的工作。

笔记区

《中华人民共和国监察法》

第三条 各级监察委员会是行使国家监察职能的专责机关,依照本法对所有行使公权力的公职人员(以下称公职人员)进行监察,调查职务违法和职务犯罪,开展廉政建设和反腐败工作,维护宪法和法律的尊严。

第四条 监察委员会依照法律规定独立行使监察权,不受行政机关、社会团体和个人的干涉。

监察机关办理职务违法和职务犯罪案件,应当与审判机关、检察机关、执法部门互相配合,互相制约。

监察机关在工作中需要协助的,有关机关和单位应当根据监察机关的要求依法予以协助。

试题

监察委员会的性质是什么?( )[①]

A. 执法机关　　B. 监察机关

C. 司法机关　　D. 法律监督机关

---

① 答案:B。

笔记区

▶ 34．“国家尊重和保障人权”的法治意义是什么？

国家尊重和保障人权是我国的宪法原则，也是党和国家治国理政的基本理念。我国坚持人权的普遍性与特殊性相结合的原理，构建中国特色社会主义人权理论体系。中国特色社会主义人权理论体系坚持生存权和发展权作为首要的人权，以实现每一个人的自由全面发展权利。

“国家尊重和保障人权”入宪是建设中国特色社会主义法治体系的重要内容，具有重要的意义。第一，以“国家尊重和保障人权”作为宪法原则，对我国立法具有重要的指导作用。具体到我国的立法实践，就是要坚持以人民为中心，忠实于人民的利益，对人民负责。第二，有利于国家机关及其工作人员树立保障人权的意识。国家机关及其工作人员要摆正自己的位置，全心全意为人民服务，任何政策、决定都应当考虑人民的利益。强化人权意识也有利于保障民主。第三，有利于人与社会的协调发展。尊重和保障人权要求经济发展始终以人为本，以人民为中心，克服城乡之间、地区之间的发展不平衡。

知识链接

笔记区

2022 年 2 月 25 日,习近平总书记在中共中央政治局第三十七次集体学习时强调:“要加强人权法治保障,深化法治领域改革,健全人权法治保障机制,实现尊重和保障人权在立法、执法、司法、守法全链条、全过程、全方位覆盖,让人民群众在每一项法律制度、每一个执法决定、每一宗司法案件中都感受到公平正义。要系统研究谋划和解决法治领域人民群众反映强烈的突出问题,依法公正对待人民群众的诉求,坚决杜绝因司法不公而造成伤害人民群众感情、损害人民群众权益的事情发生。对一切侵犯群众合法权利的行为,对一切在侵犯群众权益问题上漠然置之、不闻不问的现象,都必须依纪依法严肃查处、坚决追责。”①

《中华人民共和国宪法》第三十三条 凡具有中华人民共和国国籍的人都是中华人民共和国公民。

中华人民共和国公民在法律面前一律平等。

国家尊重和保障人权。

任何公民享有宪法和法律规定的权利,同时必须履行

---

① 《习近平在中共中央政治局第三十七次集体学习时强调 坚定不移走中国人权发展道路 更好推动我国人权事业发展》,载《人民日报》2022 年 2 月 27 日,第 1 版。

笔记区

宪法和法律规定的义务。

试题

以下哪些说法是正确的？（　　）（多选）①

A. 生存权和发展权是首要的基本人权

B. 人权是历史的、具体的和现实的，不能脱离国家的社会政治条件和历史文化传统空谈人权

C. 人民性是中国人权发展道路最显著的特征

D. 要把人权的普遍性原则与中国具体实际结合起来，走中国特色社会主义人权发展道路

---

① 答案：ABCD。

笔记区

▶ 35. 地方性法规是否可以要求强制性亲子鉴定?

案例

2021年全国人大常委会法工委就法规、司法解释等规范性文件中的合宪性、合法性、适当性等问题开展审查研究时发现,有的地方性法规规定,有关行政部门为调查计划生育违法事实,可以要求当事人进行亲子鉴定;对拒不配合的,处以1万元以上5万元以下罚款。有公民对上述规定提出审查建议。全国人大常委会法工委审查认为,亲子关系涉及公民人格尊严、身份、隐私与家庭关系和谐稳定,属于公民基本权利,受宪法法律保护,地方性法规不宜规定强制性亲子鉴定的内容,也不应对此设定相应的行政处罚、处分、处理措施。经沟通,制定机关已对相关规定作出修改。

法律评析

亲子鉴定的作用是确定父母子女等亲子关系。亲子关系与个人身份、亲属关系有关,属于非常核心的私人自由空间,宪法对这个空间的保护强度非常高,国家公权力对任何私人空间的介入,都需要非常充分的正当性论证。

笔记区

《中华人民共和国宪法》第33条第3款、第38条、第49条都明确了对亲子关系这一个人自由空间的宪法保护。本案中,强制亲子鉴定是地方立法机关赋予行政机关的一种行政强制措施,该强制措施在公民不愿意的情况下强制对其进行亲子鉴定,既涉及人身上的强制,也有精神上的强制,不仅侵害公民的人身自由,而且侵害了公民人格尊严。全国人民代表大会常务委员会要求地方立法机关予以修改,符合宪法的精神和原则。

知识链接

《中华人民共和国宪法》

第三十三条 凡具有中华人民共和国国籍的人都是中华人民共和国公民。

中华人民共和国公民在法律面前一律平等。

国家尊重和保障人权。

任何公民享有宪法和法律规定的权利,同时必须履行宪法和法律规定的义务。

第三十八条 中华人民共和国公民的人格尊严不受侵犯。禁止用任何方法对公民进行侮辱、诽谤和诬告陷害。

第四十九条 婚姻、家庭、母亲和儿童受国家的保护。

夫妻双方有实行计划生育的义务。

父母有抚养教育未成年子女的义务,成年子女有赡养扶助父母的义务。

禁止破坏婚姻自由,禁止虐待老人、妇女和儿童。

笔记区

纠纷解决技巧

对于地方性法规所规定的违反宪法精神和法律的强制亲子鉴定可以通过备案审查的方式予以纠正。备案审查是一项重要的宪法性制度,被视作公民权利救济的"最后一道屏障"。当公民认为权利遭到法规的不当限制时,可以向全国人民代表大会常务委员会提出审查建议,由全国人民代表大会常务委员会对相关规范的合法性、合宪性进行审查,对与宪法法律相抵触的法规、司法解释有权予以撤销、纠正。

试题

以下哪些说法是正确的?(　　)(多选)[①]

A. 强制性亲子鉴定侵犯了公民的人格尊严、隐私权

B. 强制性亲子鉴定事项只能由全国人大及其常委会通过法律规定

C. 对涉嫌违法生育的,卫生和计划生育行政部门应当进行调查。必要时,可以要求当事人进行技术鉴定以查清

① 答案:ABC。

笔记区

事实,当事人应当配合

D. 地方性法规可以对强制性亲子鉴定规定行政处罚、处分

笔记区

36. 结婚是否必须进行婚前医学检查?

案例

小张和小玟预约2022年2月22日到民政局办理结婚登记。当两人到民政局时，民政机关工作人员告知二人，根据《中华人民共和国母婴保健法》的规定，结婚登记应当持有婚前医学检查证明。二人随后查阅了法律法规，发现国务院《婚姻登记条例》规定的办理结婚登记应出具的证明材料中，不包括婚前医学检查证明。于是小张和小玟向全国人民代表大会常务委员会提起了审查建议。全国人民代表大会常务委员会经审查认为，结婚登记不需要以婚前医学检查证明作为前提条件，要求有关部门对相关规范进行修改。

法律评析

婚前医学检查，是指准备结婚的男女双方针对是否患有影响结婚和生育的疾病而进行的医学检查。婚前医学检查项目包括询问病史、体格检查、常规辅助检查和其他特殊检查。自2003年10月《婚姻登记条例》实施以来，婚前医学检查事实上已成为公民的自愿行为，“患有医学上认为不应当结婚的疾病”不再被规定为禁止结婚的情形。

笔记区

同样,《中华人民共和国民法典》所列结婚的实质要件中不存在婚前医学检查。所以,身体健康权作为公民的一项宪法权利,结婚前是否进行婚前医学检查属于公民的自由,不得强制。

知识链接

《中华人民共和国民法典》

第一千零四十九条　要求结婚的男女双方应当亲自到婚姻登记机关申请结婚登记。符合本法规定的,予以登记,发给结婚证。完成结婚登记,即确立婚姻关系。未办理结婚登记的,应当补办登记。

第一千零五十三条　一方患有重大疾病的,应当在结婚登记前如实告知另一方;不如实告知的,另一方可以向人民法院请求撤销婚姻。

请求撤销婚姻的,应当自知道或者应当知道撤销事由之日起一年内提出。

《婚姻登记条例》第五条　办理结婚登记的内地居民应当出具下列证件和证明材料:

(一)本人的户口簿、身份证;

(二)本人无配偶以及与对方当事人没有直系血亲和三代以内旁系血亲关系的签字声明。

办理结婚登记的香港居民、澳门居民、台湾居民应当

笔记区

出具下列证件和证明材料:

(一)本人的有效通行证、身份证;

(二)经居住地公证机构公证的本人无配偶以及与对方当事人没有直系血亲和三代以内旁系血亲关系的声明。

办理结婚登记的华侨应当出具下列证件和证明材料:

(一)本人的有效护照;

(二)居住国公证机构或者有权机关出具的、经中华人民共和国驻该国使(领)馆认证的本人无配偶以及与对方当事人没有直系血亲和三代以内旁系血亲关系的证明,或者中华人民共和国驻该国使(领)馆出具的本人无配偶以及与对方当事人没有直系血亲和三代以内旁系血亲关系的证明。

办理结婚登记的外国人应当出具下列证件和证明材料:

(一)本人的有效护照或者其他有效的国际旅行证件;

(二)所在国公证机构或者有权机关出具的、经中华人民共和国驻该国使(领)馆认证或者该国驻华使(领)馆认证的本人无配偶的证明,或者所在国驻华使(领)馆出具的本人无配偶的证明。

笔记区

纠纷解决技巧

婚前医学检查现在已经成为公民的自愿行为。准备结婚的男女双方可以进行婚前医学检查,也可以不进行检查。如果不进行婚前医学检查,那么可能为未来的婚姻生活埋下不稳定的因素,如是否能够生育的纠纷、身体健康上的隐患等。因此,为保障婚姻的圆满,关于婚前医学检查的问题可以从以下四个方面着手:一是加强宣传引导,普及婚前医学检查的重要性,倡导婚前医学检查;二是建立健全婚前医学检查的激励措施,如免费婚前医学检查、物质鼓励等;三是改进婚前医学检查的工作方式,从便利男女双方婚前医学检查的角度,设立专门的检查通道、扩大婚前医学检查点等;四是若因婚前医学检查发生争议,男女双方可以通过协商、请求第三方调解等方式解决。如果没有进行婚前医学检查,结婚后发现有重大疾病的,可以向法院申请撤销婚姻。

试题

笔记区

小红和小李是我国居民,两人结婚登记所需要准备的材料有哪些?(　　)(多选)①

A. 本人的户口簿

B. 本人的身份证

C. 本人无配偶以及与对方当事人没有直系血亲和三代以内旁系血亲关系的签字声明

D. 婚前医学检查证明

① 答案:ABC。

笔记区

37. 为什么公民的人身自由不受侵犯?

案例

王某、赵某是A村的村民,两人是邻居。王某家里有一棵核桃树,核桃树的树枝伸到了赵某家里,影响了赵某家里蔬菜的采光。为此,赵某多次跟王某交涉,王某说这是树自己长的,是树的天性。赵某越想越生气,想着找个机会教训一下王某。有一天晚上,王某出来买酱油,赵某看四下无人,把王某绊倒,用塑料袋套住王某,把王某扛到村里一间废弃的土地庙里,用绳子把王某捆到了柱子上。赵某让王某把核桃树砍掉,王某不同意。赵某说,你什么时候同意就什么时候放你。三天后,王某无法忍受,同意了赵某的条件。

法律评析

人身自由,是指公民的人身不受非法侵犯的自由。人身自由是公民参与政治生活、社会生活的基础,是以人身保障为核心的权利体系,是基本权利体系的基石。人身自由是人的不可剥夺的权利。人身自由也是公民行使政治权利、经济权利等其他权利的前提。如果人身权利得不到保障,其他权利都会失去意义,因此人身自由在宪法中具

笔记区

有独特的地位。人身自由不受侵犯,是指公民享有人身(包括肉体或精神)不受任何非法搜查、拘禁、剥夺、限制的权利。

《中华人民共和国宪法》第 37 条第 1 款明确规定,公民的人身自由不受侵犯。对公民人身自由的限制需要遵守宪法规定的基本原则和严格的法律程序。本案中,赵某仅为一己私利,非法限制公民人身自由,应该坚决予以打击。

知识链接

《中华人民共和国宪法》第三十七条　中华人民共和国公民的人身自由不受侵犯。

任何公民,非经人民检察院批准或者决定或者人民法院决定,并由公安机关执行,不受逮捕。

禁止非法拘禁和以其他方法非法剥夺或者限制公民的人身自由,禁止非法搜查公民的身体。

笔记区

试题

《中华人民共和国宪法》规定，中华人民共和国公民的人身自由不受侵犯。任何公民，非经人民检察院批准或者决定或者人民法院决定，并由（　　）执行，不受逮捕。[1]

A. 人民法院或者公安机关

B. 人民法院

C. 公安机关

D. 监察委员会

---

① 答案：C。

笔记区

▶ 38. 为什么公民的人格尊严不受侵犯?

案例

2018年11月26日,贺某某团队宣布,世界首例免疫艾滋病的基因编辑婴儿在中国诞生。11月27日,科技部副部长徐南平表示,本次“基因编辑婴儿”如果确认已出生,属于被明令禁止的,将按照中国有关法律和条例进行处理。11月28日,国家卫生健康委员会、科学技术部发布了关于“免疫艾滋病基因编辑婴儿”有关信息的回应:对违法违规行为坚决予以查处。

法律评析

人格尊严是体现人权保障价值基础的一般性准则,是与个人一般生活密切相关的姓名权、名誉权、隐私权以及自我决定权等人格价值有关的各种权利。《中华人民共和国宪法》明确规定,公民的人格尊严不受侵犯。人格尊严在法律层面上主要表现为人格权,是公民参加社会活动时应具有的资格。《中华人民共和国民法典》第990条对人格权包含的权利作了规定。

从宪法和法律的角度来看,人格尊严主要包括如下内容:第一,姓名权。公民有权决定、使用或者变更姓名,他人不得干涉。第二,肖像权。肖像权是人身的派生物,是人的形象的客观记录,不得以营利目的使用公民的肖像。第三,名誉权。公民有权利要求社会和他人对自己的人格给予足够的尊重。第四,荣誉权。荣誉权一般不具有经济价值,是社会对公民的贡献的肯定和褒扬。第五,隐私权。虽然宪法没有明确规定隐私权,但从人格尊严不受侵犯、住宅不受侵犯的规定来看,宪法事实上肯定了隐私权的宪法价值。隐私权是复合性权利,既要求国家不得干涉私人生活,具有防御权的性质,也要求个人对其信息的管理和控制,具有请求权的性质。

总之,宪法上的人格尊严条款的核心是保障人的主体性,避免人成为实现目的的手段,或者说避免人的客体化。基因编辑婴儿在以下两个层面危及人格尊严:一是基因编辑婴儿可能使人客体化。展开来讲,基因编辑婴儿通过剔除基因上的“缺陷”,改变人的基因序列,孕育胚胎。但是基因编辑技术可能公式化为统一的标准,这将导致个体沦落为机器工业线上的定制品,人也被客体化为产品,人的尊严也就不存在了。人类的多样性以及人类安全利益也会遭到根本性的破坏。二是会导致平等的丧失,进而侵犯人的尊严。当基因可以编辑时,什么基因是“优秀基因”、什么基因是“缺陷基因”将会变得更为重要,因为这将把人分为“基因贵族”和“基因平民”。社会将带有与生俱来的借机烙印。同时,“缺陷基因”也可能被滥用,出现对人类的反向排除。基因编辑婴儿改变了人的自然特征,干预了人的自然孕育,侵犯了人格尊严的最核心部分,国家卫生健康委员会、科学技术部对此进行查处,符合宪法保障人格尊严的法理。

知识链接

2021 年 12 月 17 日,习近平总书记在中央全面深化改革委员会第二十三次会议上强调:“科技伦理是科技活动必须遵守的价值准则,要坚持增进人类福祉、尊重生命权利、公平公正、合理控制风险、保持公开透明的原则,健全多方参与、协同共治的治理体制机制,塑造科技向善的文化理念和保障机制。”①

《中华人民共和国宪法》第三十八条 中华人民共和国公民的人格尊严不受侵犯。禁止用任何方法对公民进行侮辱、诽谤和诬告陷害。

《中华人民共和国民法典》第九百九十条 人格权是民事主体享有的生命权、身体权、健康权、姓名权、名称权、肖像权、名誉权、荣誉权、隐私权等权利。

---

① 《习近平主持召开中央全面深化改革委员会第二十三次会议强调 加快建设全国统一大市场提高政府监管效能 深入推进世界一流大学和一流学科建设》,载《人民日报》2021 年 12 月 18 日,第 1 版。

笔记区

除前款规定的人格权外,自然人享有基于人身自由、人格尊严产生的其他人格权益。

试题

人格尊严是指公民的名誉和公民作为一个人应当受到他人最基本的尊重的权利,包括(　　)等。(多选)①

A. 肖像权　　B. 名誉权

C. 姓名权　　D. 隐私权

① 答案:ABCD。

笔记区

▶ 39. 外地务工人员的选举权如何保障?

宪法规定,中华人民共和国的一切权力属于人民,人民行使国家权力的机关是全国人民代表大会和地方各级人民代表大会。选举权和被选举权是公民享有的选举或者被选举为人民代表大会代表的权利,也是公民参与国家政治生活的保障。我国宪法规定了公民的选举权和被选举权。依据宪法的规定,享有选举权和被选举权必须符合以下条件:其一,须为中华人民共和国公民;其二,年满 18 周岁;其三,没有被法律剥夺政治权利。

外地务工人员,是指居住地、工作地与户籍分离的在户籍地外务工的人。人口是否流动不是有无选举权的条件,如果符合宪法的规定,那么外地务工人员也享有选举权和被选举权。外地务工人员一般有两种途径行使选举权:第一种,回到户籍地行使选举权;第二种,书面委托亲属或其他选民代为投票参加选举。一般来说,委托选举是外地务工人员行使选举权所采取的主要方式。

知识链接

《中华人民共和国宪法》第三十四条 中华人民共和国年满十八周岁的公民,不分民族、种族、性别、职业、家庭

笔记区

出身、宗教信仰、教育程度、财产状况、居住期限，都有选举权和被选举权；但是依照法律被剥夺政治权利的人除外。

《中华人民共和国全国人民代表大会和地方各级人民代表大会选举法》第四十二条 选民如果在选举期间外出，经选举委员会同意，可以书面委托其他选民代为投票。每一选民接受的委托不得超过三人，并应当按照委托人的意愿代为投票。

试题

以下哪些说法不符合选举相关法律规定？（ ）（多选）[1]

A. 外地务工人员的工作地不在户籍地所以不享有选举权

B. 外地务工人员的居住地不在户籍地所以不享有选举权

C. 外地务工人员有多个选举权

D. 外地务工人员的选举权不受侵犯

① 答案：ABC。

笔记区

▶ 40. 对于公布的选民名单有异议,可以提起申诉或向人民法院起诉吗?

选民名单是选民具有选举资格,行使选举权利的凭证。经登记的选民资格长期有效,每次选举前需对上次选民登记的情况进行核查,将符合选民资格的予以登记,不符合选民资格的予以除名。选举名单应当在选举日前的20日公布。鉴于选民名单是公民行使选举权利的前提,《中华人民共和国全国人民代表大会和地方各级人民代表大会选举法》第29条规定了对选民名单有异议时的救济程序,选民可以根据相关规定在选民名单公布之日起5日内向选举委员会申诉,选举委员会应当在3日内作出处理决定。选民如果对选举委员会的处理决定不服,可以在选举日的5日以前向人民法院起诉,人民法院应在选举日前作出判决。

知识链接

《中华人民共和国全国人民代表大会和地方各级人民代表大会选举法》第二十九条 对于公布的选民名单有不同意见的,可以在选民名单公布之日起五日内向选举委员会提出申诉。选举委员会对申诉意见,应在三日内作出处

笔记区

理决定。申诉人如果对处理决定不服,可以在选举日的五日以前向人民法院起诉,人民法院应在选举日以前作出判决。人民法院的判决为最后决定。

《中华人民共和国民事诉讼法》

第一百八十八条　公民不服选举委员会对选民资格的申诉所作的处理决定,可以在选举日的五日以前向选区所在地基层人民法院起诉。

第一百八十九条　人民法院受理选民资格案件后,必须在选举日前审结。

审理时,起诉人、选举委员会的代表和有关公民必须参加。

人民法院的判决书,应当在选举日前送达选举委员会和起诉人,并通知有关公民。

试题

笔记区

以下哪些关于选民资格诉讼的说法是正确的？（　　）（多选）[1]

A. 提起选民资格诉讼的原告只能是公民

B. 提起诉讼，以选举委员会先行决定为前提

C. 须在选举的 5 日以前提出

D. 人民法院的判决书，应当在选举日前送达选举委员会和起诉人，并通知有关公民

① 答案：ABCD。

笔记区

41. 小区是否可以使用人脸识别作为门禁的技术支持？

案例

张某是某大厦业主。2021年6月底，物业公司在电梯内张贴“重要通知”，称小区门禁系统已改为人脸识别，限期要求业主自行带上身份证、户口簿、房产证等材料到物业办理人脸和身份信息录入，否则将无法出入小区。因认为此举存在泄露隐私的风险，张某未进行信息录入，每次跟着其他业主进入，非常不便。张某一再要求和投诉未果，于7月29日将物业公司起诉至法院，要求物业公司为其通行提供除人脸识别之外的其他非生物信息验证方式。法院判决支持张某的诉讼请求，要求物业提供替代性验证方式。

法律评析

《中华人民共和国宪法》第38条规定的公民享有的人格尊严权，具体包括一般人格权和具体人格权。随着时代的发展，具体人格权除了包括姓名权、隐私权等权利外，还发展出了个人信息权等新型权利。人脸等生物识别信息是个人最敏感的信息。生物识别信息是不可更改的信息，深度体现了人的人格特征和行为特征，是人与人区别的根

笔记区

本信息,也因而构成了人格的本质内容。如果被泄露或者非法使用,可能使人受到不公平对待或者歧视,也可能对人身或者财产造成损害。因此,需要严格保护人的生物识别信息,除依据法律规定收集生物识别信息外,任何组织、单位和个人不得任意收集人脸等生物识别信息。本案中,小区物业作为一般的民事主体,不具有收集、存储个人信息的条件,无法保证个人信息的安全,也没有获得法律的授权。因此,法院判决支持张某的诉讼请求,要求物业提供替代性验证方式,落实了宪法对人格尊严的保护。

知识链接

《中华人民共和国宪法》第三十八条 中华人民共和国公民的人格尊严不受侵犯。禁止用任何方法对公民进行侮辱、诽谤和诬告陷害。

《中华人民共和国民法典》第一千零三十五条 处理个人信息的,应当遵循合法、正当、必要原则,不得过度处理,并符合下列条件:

(一)征得该自然人或者其监护人同意,但是法律、行政法规另有规定的除外;

(二)公开处理信息的规则;

(三)明示处理信息的目的、方式和范围;

(四)不违反法律、行政法规的规定和双方的约定。

笔记区

个人信息的处理包括个人信息的收集、存储、使用、加工、传输、提供、公开等。

《中华人民共和国个人信息保护法》第十三条 符合下列情形之一的,个人信息处理者方可处理个人信息:

(一)取得个人的同意;

(二)为订立、履行个人作为一方当事人的合同所必需,或者按照依法制定的劳动规章制度和依法签订的集体合同实施人力资源管理所必需;

(三)为履行法定职责或者法定义务所必需;

(四)为应对突发公共卫生事件,或者紧急情况下为保护自然人的生命健康和财产安全所必需;

(五)为公共利益实施新闻报道、舆论监督等行为,在合理的范围内处理个人信息;

(六)依照本法规定在合理的范围内处理个人自行公开或者其他已经合法公开的个人信息;

(七)法律、行政法规规定的其他情形。

依照本法其他有关规定,处理个人信息应当取得个人同意,但是有前款第二项至第七项规定情形的,不需取得个人同意。

纠纷解决技巧

根据相关规定,收集人脸等生物信息都必须取得个人明确的同意,物业单方通知不可以视为业主明确知情和同意。收集个人信息的相关单位,需要告知对方相应的风险,还要告知收集的目的、个人信息采集范围以及用途。而且要求单独征求每个人同意,并且个人是有权不同意的。在经营场所、公共场所违法违规使用人脸识别技术进行人脸验证、辨识或者分析,以及概括授权、捆绑授权、强迫授权、变相强迫授权等,都可认定为侵害自然人人格权的行为。公民遇到上述情况可以向法院起诉,因使用人脸识别引发侵权纠纷而支付的调查费、公证费、律师费等,可以作为合理开支向侵权人主张。

试题

以下哪些行为是错误的?(　　)(多选)[①]

A. 小区物业要求必须录入人脸识别系统才能进入小区

B. 小区物业公开欠缴物业费业主的照片

C. 小区物业在未告知业主的情况下在门口放置摄像头采集人脸信息

D. 小区物业在没有取得业主同意的情况下,安装人脸识别门禁系统

① 答案:ABCD。

笔记区

▶ 42. 为什么公民的住宅不受侵犯?

案例

2021年3月18日,张某和李某分手。随后张某多次到李某居住的楼下,要求李某与自己复合。李某多次拒绝。张某一时无法化解心中的不满。10月3日,张某在得知李某出去旅游的情况下,撬开李某居住的房屋。找到李某的日记本,在日记本上留言,发泄自己的不满。同时,寻找两人在一起时的纪念品,并随处丢弃。李某回家后,发现自己的房门被撬,随即报警。经过公安机关调查,发现张某有重大嫌疑。逮捕张某后,张某如实供述了自己的罪行。随后,张某被判处非法侵入住宅罪。

法律评析

我国宪法规定,公民的住宅不受侵犯。宪法赋予公民住宅安全权。公民的住宅是公民生活、学习的场所,住宅是否受到保障,直接影响公民其他基本权利的实现。宪法上住宅的概念是广义的概念,不仅包括公民生活用的住宅,还包括工作场所、宿舍等。住宅安全权保障公民的私生活空间,禁止非法搜查或者非法侵入公民的住宅。除非得到宅主同意,任何对住宅的随意侵入都构成对住宅安全

笔记区

权的侵犯。当然,为了维护公共利益的需要,也可以对公民的住宅安全权进行限制,如为了搜集犯罪证据、查获犯罪人,在出示搜查证的条件下,可以对公民的住宅进行搜查。这是对公民住宅权的合理限制,不侵犯住宅安全权的本质内容。本案中,张某未经李某同意,非法侵入李某住宅,违反了宪法保护公民住宅的基本精神,应当追究张某的法律责任。

知识链接

《中华人民共和国宪法》第三十九条 中华人民共和国公民的住宅不受侵犯。禁止非法搜查或者非法侵入公民的住宅。

纠纷解决技巧

公民享有住宅安全权是参与社会生活、享有人身自由的重要条件。当公民遇到此类案件时,首先,应当要求相关人员出示工作证,确认其享有执法权;其次,查验其是否有搜查证,确认搜查住宅的权限;最后,应了解搜查目的和范围等,对于不符合搜查证上载明的目的、搜查范围等规定的搜查可以拒绝。

笔记区

试题

以下哪项说法是错误的？(　　)①

A. 警察为了调查需要可以任意进入任何人的家中调查取证

B. 侵犯公民住宅有两种方式：非法搜查和非法侵入

C. 当公安、检察机关需要对公民住宅进行搜查时，必须依照法律程序进行

D. “中华人民共和国公民的住宅不受侵犯”中的“住宅”是广义的概念

① 答案：A。

笔记区

43. 为什么公民的通信自由和通信秘密受法律保护?

案例

2011年,甘肃省人大常委会审议并通过《甘肃省道路交通安全条例》,规定因调查交通事故案件需要,公安机关交通管理部门可以查阅或者复制交通事故当事人通信记录,有关单位应当及时、如实、无偿提供,不得伪造、隐匿、转移、销毁。2013年,《内蒙古自治区实施〈中华人民共和国道路交通安全法〉办法》也作了同样的规定。2019年,全国人民代表大会常务委员会经审查认为,该规定不符合保护公民通信自由和通信秘密的原则和精神;对公民通信自由和通信秘密保护的例外只能是在特定情形下由法律作出规定,有关地方性法规所作的规定已超越立法权限。经全国人民代表大会常务委员会向制定机关指出后,有关规定已经修改。

法律评析

通信是公民参与社会生活、进行交流的必要手段,通信自由是公民必不可少的基本自由。通信自由是指公民有权利决定何时、何地、采取何种方式、与何人通信。通信

笔记区

秘密是指公民的通信内容不被监听、私阅，通信不被扣押、隐匿、毁弃。通信自由和通信秘密保护公民的私生活秘密和行为表达的自由。我国宪法明确规定公民的通信自由和通信秘密受法律保护，并规定了对公民通信检查的条件：一是基于国家安全或者追查刑事犯罪的需要；二是依照法律规定的程序；三是由人民检察院或者公安机关进行检查。就该案来看，甘肃省和内蒙古自治区的规定违反了宪法关于检查通信的条件，规定了应当由法律规定的事项，逾越了立法权限，应当予以修改或者撤销。

知识链接

《中华人民共和国宪法》第四十条　中华人民共和国公民的通信自由和通信秘密受法律的保护。除因国家安全或者追查刑事犯罪的需要，由公安机关或者检察机关依照法律规定的程序对通信进行检查外，任何组织或者个人不得以任何理由侵犯公民的通信自由和通信秘密。

《中华人民共和国刑法》

第二百五十二条　隐匿、毁弃或者非法开拆他人信件，侵犯公民通信自由权利，情节严重的，处一年以下有期徒刑或者拘役。

第二百五十三条　邮政工作人员私自开拆或者隐匿、毁弃邮件、电报的，处二年以下有期徒刑或者拘役。

犯前款罪而窃取财物的,依照本法第二百六十四条的规定定罪从重处罚。

笔记区

试题

下列哪些行为侵犯公民的通信自由和通信秘密?(　　)(多选)①

A. 窃听他人电话

B. 私拆他人信件

C. 未经允许公开朗读他人信件

D. 检查他人微信通话记录

---

① 答案:ABCD。

笔记区

▶ 44. 公民对国家机关及其工作人员的批评、建议、申诉、控告、检举的权利怎样实现？

《中华人民共和国宪法》第 27 条规定，公民对国家机关及其工作人员的活动有监督的权利。公民的监督权包括批评权，建议权，申诉权，控告、检举权。批评权是指公民可以通过多样化的形式对国家机关及其工作人员的缺点、错误提出批评意见。建议权是指公民可以通过一定的形式向国家机关及其工作人员提出合理化意见。国家机关及其工作人应当对公民的批评、建议采取宽容的态度，不得打击报复。公民的申诉权是指当自己的合法权益遭到侵害时，公民有权向各级国家机关提出申诉。控告、检举权是指公民对国家机关及其工作人员的违法失职行为，有向有关国家机关提出控告，请求有关机关对违法失职和犯罪行为予以制裁的权利。

监督权是公民的基本权利，对国家机关及其工作人员有直接的约束力。《中华人民共和国宪法》第 41 条第 2 款规定，“对于公民的申诉、控告或者检举，有关国家机关必须查清事实，负责处理。任何人不得压制和打击报复”。当然公民行使监督权时，也存在宪法界限，即不得歪曲或者捏造事实诬告陷害，否则公民要承担相应的法律责任。

除此之外,如果国家机关及其工作人员的行为侵犯了公民的权利,那么公民有依法获得赔偿的权利。

笔记区

知识链接

《中华人民共和国宪法》第四十一条 中华人民共和国公民对于任何国家机关和国家工作人员,有提出批评和建议的权利;对于任何国家机关和国家工作人员的违法失职行为,有向有关国家机关提出申诉、控告或者检举的权利,但是不得捏造或者歪曲事实进行诬告陷害。

对于公民的申诉、控告或者检举,有关国家机关必须查清事实,负责处理。任何人不得压制和打击报复。

由于国家机关和国家工作人员侵犯公民权利而受到损失的人,有依照法律规定取得赔偿的权利。

《中华人民共和国国家赔偿法》第二条第一款 国家机关和国家机关工作人员行使职权,有本法规定的侵犯公民、法人和其他组织合法权益的情形,造成损害的,受害人有依照本法取得国家赔偿的权利。

笔记区

试题

以下哪些属于公民行使对国家机关及其工作人员的批评、建议、申诉、控告、检举权？（　　）（多选）[①]

A. 致电市长热线提出自己的意见

B. 在政务信息网络平台留言意见

C. 对已经生效的人民法院判决，向人民检察院提出重新处理的请求

D. 公民向监察部门提供国家机关工作人员贪污的线索

① 答案：ABD。

笔记区

▶ 45. 公民在年老、疾病或者丧失劳动能力时能够得到国家的帮助吗?

敬老爱幼、乐于助人是中华民族的传统美德,也是政府、社会、家庭和个人的共同责任。《中华人民共和国宪法》第 45 条第 1 款规定,公民在年老、疾病或者丧失劳动能力时能够得到国家的帮助,这是宪法规定的物质帮助权,属于公民的基本权利。宪法赋予公民物质帮助权的目的在于保障公民的最低生活标准,防止陷入贫困,减少贫富差别,从而实现公民的生存权和发展权等基本人权。权益保障正成为需要全社会共同面对的重要课题,进一步保障弱势群体合法权益,发展弱势群体事业,弘扬中华民族传统美德,势在必行。对公民的物质帮助主要体现在我国逐步完善的社会保险体系、社会救济体系和医疗卫生体系等方面。

知识链接

《中华人民共和国宪法》第四十五条 中华人民共和国公民在年老、疾病或者丧失劳动能力的情况下,有从国家和社会获得物质帮助的权利。国家发展为公民享受这些权利所需要的社会保险、社会救济和医疗卫生事业。

笔记区

国家和社会保障残废军人的生活，抚恤烈士家属，优待军人家属。

国家和社会帮助安排盲、聋、哑和其他有残疾的公民的劳动、生活和教育。

《中华人民共和国老年人权益保障法》第三条 国家保障老年人依法享有的权益。

老年人有从国家和社会获得物质帮助的权利，有享受社会服务和社会优待的权利，有参与社会发展和共享发展成果的权利。

禁止歧视、侮辱、虐待或者遗弃老年人。

试题

以下哪些人有从国家和社会获得物质帮助的权利？（ ）（多选）①

A. 老年人

B. 身患重病的人

C. 丧失劳动能力的人

D. 失业

---

① 答案：ABC。

笔记区

▶ 46. 九年义务教育为什么既是一项权利又是一项义务?

《中华人民共和国宪法》第 19 条第 1 款、第 2 款规定,国家发展社会主义的教育事业,提高全国人民的科学文化水平。国家举办各种学校,普及初等义务教育,发展中等教育、职业教育和高等教育,并且发展学前教育。《中华人民共和国宪法》第 46 条规定公民有受教育的权利和义务。公民的受教育权包括每个人按照其能力平等地接受教育的权利,也包括国家提供教育机会的请求权。同时,受教育还是公民的义务,《中华人民共和国义务教育法》明确规定国家实行九年制义务教育,国家、适龄儿童的父母和监护人必须保证其按时入学接受并完成义务教育,社会组织和个人也负有为适龄儿童创造良好教育环境的义务。

我国已经建立了比较完善的公民受教育权保障体系,在实践中也取得了积极的进展,特别是《国家中长期教育改革和发展规划纲要(2010—2020 年)》为发展教育、实现公民的受教育权提出了目标与措施。除宪法对受教育权作出原则性规定外,我国先后颁布了《中华人民共和国义务教育法》《中华人民共和国教育法》《中华人民共和国职业教育法》《中华人民共和国高等教育法》等法律,进一步

笔记区

完善了教育立法。根据教育部2020年全国教育事业发展情况的报告，全国共有各级各类学校253.7万所，比2019年增加0.7万所。全国各级各类学历教育在校生2.89亿人，比2019年增加674.5万人，增长2.4%；专任教师1793.0万人，比2019年增加60.9万人，增长3.5%。全国各级各类学校共有校舍建筑面积339.2亿平方米，比2019年增加1.8亿平方米，增长4.9%。全国各级各类学校教学、科研仪器设备资产总值12,288.3亿元，比2019年增加1077.2亿元，增长9.6%。学前教育毛入园率达到85.2%，比规划目标高出0.2个百分点；普惠性幼儿园覆盖率达到84.7%，比规划目标高出4.7个百分点；九年义务教育巩固率达到95.2%，比规划目标高出0.2个百分点；高中阶段教育毛入学率达到91.2%，比规划目标高出1.2个百分点；高等教育毛入学率进一步提升到54.4%，比规划目标高出4.4个百分点。①

知识链接

2013年9月25日，习近平主席在联合国“教育第一”全球倡议行动一周年纪念活动上发表的视频贺词指出：

① 参见《中国教育概况——2020年全国教育事业发展情况》，载教育部官网2021年11月15日，http://www.moe.gov.cn/jyb_sjzl/s5990/202111/t20211115_579974.html。

笔记区

“中国将坚定实施科教兴国战略,始终把教育摆在优先发展的战略位置,不断扩大投入,努力发展全民教育、终身教育,建设学习型社会,努力让每个孩子享有受教育的机会,努力让13亿人民享有更好更公平的教育,获得发展自身、奉献社会、造福人民的能力。”①

《中华人民共和国宪法》第四十六条 中华人民共和国公民有受教育的权利和义务。

国家培养青年、少年、儿童在品德、智力、体质等方面全面发展。

《中华人民共和国义务教育法》第五条 各级人民政府及其有关部门应当履行本法规定的各项职责,保障适龄儿童、少年接受义务教育的权利。

适龄儿童、少年的父母或者其他法定监护人应当依法保证其按时入学接受并完成义务教育。

依法实施义务教育的学校应当按照规定标准完成教育教学任务,保证教育教学质量。

社会组织和个人应当为适龄儿童、少年接受义务教育创造良好的环境。

---

① 《习近平主席在联合国“教育第一”全球倡议行动一周年纪念活动上发表贺词》,载《人民日报》2013年9月27日,第3版。

笔记区

试题

小林今年已经8周岁，平时在家帮忙务农，并未上学，当地学校的老师曾到小林家中劝小林父母送小林去就学，小林父亲回应称："读书没有用处，不如在家帮忙干活，多挣点钱。"因此，他拒绝送小林去上学。关于小林父亲的做法，以下哪项说法是正确的？（　　）[1]

A. 小林父亲的做法违反了《中华人民共和国义务教育法》的规定

B. 小林父亲可以不送小林接受义务教育

C. 小林父亲可以送小林去国学班或者私塾代替去学校接受义务教育

D. 小林父亲可以送8岁的小林去打工赚钱

---

① 答案：A。

笔记区

47. 国家为什么要对就业前的公民提供必要的劳动就业训练?

劳动是创造社会价值、实现个人价值的直接手段,是个人生存、发展的基础,因此,公民有通过劳动获得生活资料、追求个人幸福的权利。根据《中华人民共和国宪法》第42条第1款的规定,公民有劳动的权利和义务。国家通过各种途径,创造劳动就业条件,加强劳动保护,改善劳动条件,并在发展生产的基础上,提高劳动报酬和福利待遇。国家对就业前的公民进行必要的劳动就业训练。

公民行使劳动权的前提是拥有必备的劳动技能,与用人单位的用工需求相匹配。进行职业技能培训是快速掌握劳动技能的必要步骤。如宪法所规定,提供就业前劳动训练的义务不仅指向企业,也指向国家。因为,政府负责国民教育体系的建设并掌握宏观的企业用工需求。提供职业技能培训是公民完整的享有劳动权利的必要条件。此外,当今社会,科学技术的迅猛发展和社会分工日益细化,在专业技能上、风险防范上都提出了更高要求。只有对就业前的公民提供必要的劳动就业训练,才能有效避免劳动者在劳动过程中受到不必要的损害,进而保障劳动者的生命健康权。

笔记区

知识链接

2015年4月28日，习近平总书记在庆祝“五一”国际劳动节暨表彰全国劳动模范和先进工作者大会上的讲话指出：“党和国家要实施积极的就业政策，创造更多就业岗位，改善就业环境，提高就业质量，不断增加劳动者特别是一线劳动者劳动报酬。要建立健全党和政府主导的维护群众权益机制，抓住劳动就业、技能培训、收入分配、社会保障、安全卫生等问题，关注一线职工、农民工、困难职工等群体，完善制度，排除阻碍劳动者参与发展、分享发展成果的障碍，努力让劳动者实现体面劳动、全面发展。”①

《中华人民共和国宪法》第四十二条 中华人民共和国公民有劳动的权利和义务。

国家通过各种途径，创造劳动就业条件，加强劳动保护，改善劳动条件，并在发展生产的基础上，提高劳动报酬和福利待遇。

劳动是一切有劳动能力的公民的光荣职责。国有企业和城乡集体经济组织的劳动者都应当以国家主人翁的态度对待自己的劳动。国家提倡社会主义劳动竞赛，奖励劳动模范和先进工作者。国家提倡公民从事义务劳动。

---

① 《习近平在庆祝“五一”国际劳动节暨表彰全国劳动模范和先进工作者大会上的讲话》，载《人民日报》2015年4月29日，第2版。

47. 国家为什么要对就业前的公民提供必要的劳动就业训练?

笔记区

国家对就业前的公民进行必要的劳动就业训练。

《中华人民共和国劳动法》第三条 劳动者享有平等就业和选择职业的权利、取得劳动报酬的权利、休息休假的权利、获得劳动安全卫生保护的权利、接受职业技能培训的权利、享受社会保险和福利的权利、提请劳动争议处理的权利以及法律规定的其他劳动权利。

劳动者应当完成劳动任务,提高职业技能,执行劳动安全卫生规程,遵守劳动纪律和职业道德。

试题

依据《中华人民共和国劳动法》的规定,以下哪些属于劳动者的权利?(　　)(多选)[①]

A. 平等就业权

B. 取得劳动报酬的权利

C. 接受职业技能培训的权利

D. 休息休假的权利

---

① 答案:ABCD。

笔记区

48. 农民工能否享受基本养老保险待遇?

案例

杨某(原告)于1981年到某水电站上班,2001年该地人民政府将该水电站租赁给何某(被告)经营,租赁期限为2001年1月1日至2020年12月31日。何某经营期间,原告一直在被告处上班,岗位为车间主任,双方未签订书面劳动合同,被告也未给原告缴纳养老保险。

2021年杨某诉至法院,请求判令该水电站赔偿其2001年1月至2020年12月单位应缴纳部分的养老保险。

法律评析

基本养老保险,是国家根据宪法、法律的规定,强制建立和实施的社会保险制度。用人单位和劳动者应依法缴纳养老保险费,在劳动者达到国家规定的退休年龄或因其他原因而退出劳动岗位后,社会保险经办机构依法向其支付养老金。此处的"劳动者"是指具有劳动能力,通过劳动获得收入的公民,依据劳动合同法的规定,劳动者包括在中华人民共和国境内与企业、个体经济组织、民办非企业单位等组织建立劳动关系的公民和与国家机关、事业单

笔记区

位、社会团体建立劳动关系的公民。本案中,原告与被告之间存在实际的劳动关系,被告拒不履行购买养老保险的义务,侵犯了原告获得社会保障的权利。

知识链接

《中华人民共和国宪法》第四十五条 中华人民共和国公民在年老、疾病或者丧失劳动能力的情况下,有从国家和社会获得物质帮助的权利。国家发展为公民享受这些权利所需要的社会保险、社会救济和医疗卫生事业。

国家和社会保障残废军人的生活,抚恤烈士家属,优待军人家属。

国家和社会帮助安排盲、聋、哑和其他有残疾的公民的劳动、生活和教育。

《中华人民共和国乡镇企业法》第十五条 国家鼓励有条件的地区建立、健全乡镇企业职工社会保险制度。

《中华人民共和国劳动法》

第七十条 国家发展社会保险事业,建立社会保险制度,设立社会保险基金,使劳动者在年老、患病、工伤、失业、生育等情况下获得帮助和补偿。

第七十二条 社会保险基金按照保险类型确定资金来源,逐步实行社会统筹。用人单位和劳动者必须依法参

笔记区

加社会保险,缴纳社会保险费。

纠纷解决技巧

我国社会存在大量的农村进城务工人员。为农民工建立完善的社会保障制度是社会主义现代化建设的基本要求。为保障农民工权利,共享社会的发展成果,需要做好以下四个方面:一是加强宣传引导。农民工社会保障权益保障得不充分,与农民工不了解自己的权益有很大的关联。为此,需要采取多样化的宣传措施,如宣传进工地、进社区等有针对性的措施。二是若出现劳动争议,可以向劳动仲裁委员会提起仲裁,若对裁决结果不服,可以提起诉讼;也可以不经过仲裁直接提起诉讼。三是关于社会保险待遇,可以向劳动保障部门申诉、控告。当然,也可以直接提起民事诉讼。四是农民工对于劳动过程中出现的违法行为,可以向当地的劳动监察部门申诉、控告。

试题

笔记区

张某出生于中部地区某山村,世代居住于此。2001 年张某到沿海某城市打工,在一家家具制造厂上班,2021 年辞职返家。2001 ~ 2021 年,制造厂按月足额向张某支付工资,但并未给张某缴纳养老保险。以下哪项关于该案的论述是正确的?( )[①]

A. 家具制造厂的做法是对的

B. 家具制造厂应当为张某缴纳养老保险

C. 家具制造厂不应当补缴养老保险

D. 家具制造厂可以只缴纳养老保险

① 答案:B。

笔记区

▶ 49. 宪法对女性权益的保护表现在哪些方面?

新中国成立以来,我国非常重视女性的发展与进步,把男女平等作为促进国家社会发展的一项基本国策。在制定国家宏观政策时,遵循男女平等参与、共同发展、共同受益的原则,为妇女进步与发展提供了坚强的政治保证和法律保障。

宪法作为我国的根本大法,在女性权益保护等方面发挥重要作用。《中华人民共和国宪法》第 48 条明确规定,我国妇女在政治的、经济的、文化的、社会的和家庭的生活等各方面享有同男子平等的权利。国家保护妇女的权利和利益,实行男女同工同酬,培养和选拔妇女干部。在婚姻家庭领域,为了预防和制止家庭暴力,保护妇女及其他家庭成员的合法权益,《中华人民共和国宪法》还特别规定禁止破坏婚姻自由,禁止虐待老人、妇女和儿童。

从宪法的规定来看,宪法主要从以下五个方面保护女性的权益:一是妇女政治权利的保护。国家保障妇女同男子享有平等的政治权利,保障妇女参与国家事务的权利;保障妇女的平等选举权和被选举权,重视和培养女干部。二是保障女性的受教育权。妇女权益保障法专门规定了对妇女受教育权的保障。三是经济权利的保护。主要包

笔记区

括与男子同工同酬的权利、平等就业权、特殊劳动保护权等。四是家庭生活的平等权。主要包括妇女的婚姻自主权、妇女的生育权、对婚姻共同财产的所有权。五是人身权利保护。如与男子享有平等的人身权利,妇女的名誉权和人格尊严受法律保护等。

知识链接

2015 年 9 月 27 日,习近平主席在全球妇女峰会上发表讲话,指出:"推动妇女和经济社会同步发展。发展离不开妇女,发展要惠及包括妇女在内的全体人民。我们要制定更加科学合理的发展战略,既要考虑各国国情、性别差异、妇女特殊需求,确保妇女平等分享发展成果,又要创新政策手段,激发妇女潜力,推动广大妇女参与经济社会发展。中国实践证明,推动妇女参加社会和经济活动,能有效提高妇女地位,也能极大提升社会生产力和经济活力。"①

《中华人民共和国宪法》

第四十八条 中华人民共和国妇女在政治的、经济的、文化的、社会的和家庭的生活等各方面享有同男子平等的权利。

---

① 习近平:《促进妇女全面发展 共建共享美好世界——在全球妇女峰会上的讲话》,载《人民日报》2015 年 9 月 28 日,第 3 版。

笔记区

国家保护妇女的权利和利益，实行男女同工同酬，培养和选拔妇女干部。

第四十九条 婚姻、家庭、母亲和儿童受国家的保护。

夫妻双方有实行计划生育的义务。

父母有抚养教育未成年子女的义务，成年子女有赡养扶助父母的义务。

禁止破坏婚姻自由，禁止虐待老人、妇女和儿童。

试题

《中华人民共和国妇女权益保障法》规定，妇女在政治的、经济的、文化的、社会的和家庭的生活等各方面享有同男子平等的权利。实行（ ）是国家的基本国策，国家采取必要措施，逐步完善保障妇女权益的各项制度，消除对妇女一切形式的歧视。①

A. 男女平等　　B. 计划生育

C. 保护环境　　D. 节约资源

① 答案：A。

笔记区

▶ 50. 是否可以以怀孕为由不录用女性为公务员?

案例

2018年,路某在通过最高人民法院2018年选调考试的笔试、面试后,进入体检环节时发现自己怀孕,无法正常完成要求体检的内容。根据公务员选调的程序要求,在完成体检之前暂不能正式录取。路某担心其选调资格因此被取消,自己不能被录用。随即路某向最高人民法院政治部负责招录的工作人员汇报自己怀孕的事实,因路某系第一个在最高人民法院招录选拔过程中发现怀孕的女考生,最高人民法院人事部门组织了座谈以及会议讨论该问题。会议经过研究决定,为充分体现选调工作的公平、公正以及对女性的人文关怀,可暂保留其选调资格,先借调来院帮助工作,待其妊娠结束体检合格后,再办理正式入职手续。

法律评析

宪法明确规定妇女同男子享有平等的权利,结合劳动权作为基本权利来看,男女享有平等的劳动权。男女平等的劳动权既表现在不得仅因为性别区别对待,拒绝录用或

笔记区

者提高录用妇女的标准，也表现在需要考虑女性的怀孕、哺乳等身心特征，给予特殊照顾。因此，在就业选择、招聘录用过程中，用人单位应当综合考虑工作能力是否足以胜任就业岗位，而不是考虑性别、身体状况，以保障妇女同男子享有平等的就业机会。具体到本案来讲，最高人民法院在招录过程中，综合判断路某的工作能力、业务素质与岗位之间的关系，认为路某符合招聘要求，给予其妊娠结束后再体检入职的机会，体现了对男女平等就业权的保障，贯彻了男女平等就业的宪法法律精神，为社会平等就业提供了正确的指引。

知识链接

《中华人民共和国宪法》第四十八条　中华人民共和国妇女在政治的、经济的、文化的、社会的和家庭的生活等各方面享有同男子平等的权利。

国家保护妇女的权利和利益，实行男女同工同酬，培养和选拔妇女干部。

《中华人民共和国劳动法》

第十三条　妇女享有与男子平等的就业权利。在录用职工时，除国家规定的不适合妇女的工种或者岗位外，不得以性别为由拒绝录用妇女或者提高对妇女的录用标准。

第九十五条　用人单位违反本法对女职工和未成年

笔记区

工的保护规定,侵害其合法权益的,由劳动行政部门责令改正,处以罚款;对女职工或者未成年工造成损害的,应当承担赔偿责任。

《中华人民共和国就业促进法》第二十七条 国家保障妇女享有与男子平等的劳动权利。

用人单位招用人员,除国家规定的不适合妇女的工种或者岗位外,不得以性别为由拒绝录用妇女或者提高对妇女的录用标准。

用人单位录用女职工,不得在劳动合同中规定限制女职工结婚、生育的内容。

《中华人民共和国妇女权益保障法》第二十三条 各单位在录用职工时,除不适合妇女的工种或者岗位外,不得以性别为由拒绝录用妇女或者提高对妇女的录用标准。

各单位在录用女职工时,应当依法与其签订劳动(聘用)合同或者服务协议,劳动(聘用)合同或者服务协议中不得规定限制女职工结婚、生育的内容。

禁止录用未满十六周岁的女性未成年人,国家另有规定的除外。

纠纷解决技巧

《中华人民共和国宪法》明确规定了妇女权利应当给予保护,《中华人民共和国劳动法》《中华人民共和国妇女

笔记区

权益保障法》《中华人民共和国就业促进法》等更具体规定了妇女劳动权益的平等保障。如果用人单位在招录环节，没有正当理由，仅仅因为怀孕而不予录取，劳动者可以起诉。关于孕期女性的劳动权益，如果已经签订劳动合同或存在实际用工关系，不能以女性怀孕为由解除劳动关系。对于孕期、产期、哺乳期的“三期”女职工调岗降薪，需要双方达成合意。合同约定女性怀孕后自动离职的，与相关法律法规相违背，应视为无效约定。“三期”内合同到期，按照劳动合同法的规定，应当延期到“三期”结束。

试题

以下哪些劳动合同的条款侵犯了妇女权益？（　　）（多选）①

A. 约定妇女在职期间不允许怀孕

B. 约定妇女在职期间不允许结婚

C. 约定妇女在职期间因怀孕的辞退不赔经济补偿金

D. 约定妇女在职期间因结婚无法胜任该岗位的不允许调岗

① 答案：ABCD。

笔记区

51. 禁止某些人从事特种行业是否符合宪法?

案例

某地的地方性法规规定,开锁、公章刻制、信托寄卖、金银首饰加工、废旧金属收购等特种行业从业人员利用该行业便利进行违法活动受过行政或刑事处罚的,终身不得从事该行业。有公民对此规定提出审查建议。全国人大常委会法制工作委员会审查认为,地方性法规对某些特种行业设定较严格的从业资格条件,对维护公共安全有积极作用,但在法律、行政法规没有规定从业限制的领域,地方性法规作出相关从业限制规定时,不宜规定"终身禁止",建议制定机关调整完善相关规定。经沟通,制定机关已对相关规定作出修改调整。

法律评析

根据宪法规定,我国公民享有劳动的权利与义务。具体而言,劳动权包括选择职业的权利,即劳动者根据自己的意愿选择适合自己的才能、爱好的职业。选择职业的权利是劳动者劳动权利的体现,是社会进步的一个标志。地方性法规对利用该行业便利进行违法活动受过行政或刑事处罚的相关从业人员作出禁止从业的规定,是对行业服

笔记区

务对象负责任的表现,同时也规范了行业秩序。不过,在法律、行政法规没有规定从业限制的领域,应遵循法律保留原则,不得超越法律法规的授权作出“终身禁止”的规定。

知识链接

《中华人民共和国宪法》第四十二条 中华人民共和国公民有劳动的权利和义务。

国家通过各种途径,创造劳动就业条件,加强劳动保护,改善劳动条件,并在发展生产的基础上,提高劳动报酬和福利待遇。

劳动是一切有劳动能力的公民的光荣职责。国有企业和城乡集体经济组织的劳动者都应当以国家主人翁的态度对待自己的劳动。国家提倡社会主义劳动竞赛,奖励劳动模范和先进工作者。国家提倡公民从事义务劳动。

国家对就业前的公民进行必要的劳动就业训练。

《中华人民共和国立法法》

第八条 下列事项只能制定法律:

(一)国家主权的事项;

(二)各级人民代表大会、人民政府、人民法院和人民检察院的产生、组织和职权;

(三)民族区域自治制度、特别行政区制度、基层群众

笔记区

自治制度;

(四)犯罪和刑罚;

(五)对公民政治权利的剥夺、限制人身自由的强制措施和处罚;

(六)税种的设立、税率的确定和税收征收管理等税收基本制度;

(七)对非国有财产的征收、征用;

(八)民事基本制度;

(九)基本经济制度以及财政、海关、金融和外贸的基本制度;

(十)诉讼和仲裁制度;

(十一)必须由全国人民代表大会及其常务委员会制定法律的其他事项。

第七十二条第一款 省、自治区、直辖市的人民代表大会及其常务委员会根据本行政区域的具体情况和实际需要,在不同宪法、法律、行政法规相抵触的前提下,可以制定地方性法规。

纠纷解决技巧

制定地方性法规和政府规章等是地方因地制宜,结合本行政区的实践充分发挥积极性的重要举措。《中华人民共和国宪法》《中华人民共和国立法法》等对地方政府的立

笔记区

法权限和程序作出了相关规定,应严格地遵循法律保留原则,尤其是涉及对公民基本权利的限制。为实现维护特殊行业的市场秩序,保护消费者权益的目的,有多种规范从业人员的手段。“终身从业禁止”既无法律授权又违背了必要性原则,应当采用其他方式进行规制,如提高入行门槛、提高犯错成本等。还可以考虑发挥行业组织的作用,将部分权力授予行业组织,由行业组织对从业人员进行管理、培训,约束从业人员的行为,政府则严格监督行业组织的行为。同时,如果公民认为法律、法规不当地限制了其权利,可以依据立法法的规定向全国人民代表大会常务委员会提起合宪性审查或者备案审查的建议。

试题

以下哪项关于从业限制的表述是正确的?(　　)①

A. 地方性法规可以规定从业限制的职业

B. 地方性法规不得对从业限制作出规定

C. 从业限制只能由法律规定

D. 终身从业禁止的规定可以由地方性法规规定

---

① 答案:A。

笔记区

52. 为什么服兵役是公民的宪法义务?

案例

刘某是大学生,2020 年 9 月初经体格检查、政治考核、役前训练、审批定兵等手续正常入伍,被分配至部队服役。9 月 17 日到达部队后,次日该同志就表现出不适应,提出要离开部队。经部队及其家人多次思想教育和引导无效后,军区纪律检查委员会于 11 月 6 日对刘某做出拒服兵役除名处理决定。按照相关规定,刘某所在大学于 12 月 21 日给予刘某两年内不得复学的处理意见。

法律评析

《中华人民共和国宪法》第 55 条第 2 款规定,依照法律服兵役和参加民兵组织是中华人民共和国公民的光荣义务。依法服兵役是公民维护祖国安全、荣誉和尊严的实际行动,是公民的神圣义务。《中华人民共和国兵役法》把宪法规定的服兵役义务进一步具体化,明确了服兵役的内容和具体程序。《中华人民共和国国防法》第 7 条规定,保卫祖国、抵抗侵略是每一个公民的神圣职责,公民应当依法履行国防义务。国防是国家生存与发展的安全保障,没有巩固的国防就不可能维护稳定的国家政权,公民权利与

笔记区

自由也无法得到保障。

依法服兵役是公民的宪法义务，具有法律性质，拒绝服兵役需要承担相应的法律责任。《中华人民共和国兵役法》第 57 条规定，拒绝、逃避兵役登记的，应征公民拒绝、逃避征集服现役的，预备役人员拒绝、逃避参加军事训练、担负战备勤务、执行非战争军事行动任务和征召的，由县级人民政府责令限期改正；逾期不改正的，由县级人民政府强制其履行兵役义务，并处以罚款。拒不改正的，不得录用为公务员或者参照《中华人民共和国公务员法》管理的工作人员，不得招录、聘用为国有企业和事业单位工作人员，两年内不准出境或者升学复学，纳入履行国防义务严重失信主体名单实施联合惩戒。

知识链接

《中华人民共和国宪法》第五十五条　保卫祖国、抵抗侵略是中华人民共和国每一个公民的神圣职责。

依照法律服兵役和参加民兵组织是中华人民共和国公民的光荣义务。

《中华人民共和国兵役法》第五条　中华人民共和国公民，不分民族、种族、职业、家庭出身、宗教信仰和教育程度，都有义务依照本法的规定服兵役。

有严重生理缺陷或者严重残疾不适合服兵役的公民，

免服兵役。

依照法律被剥夺政治权利的公民,不得服兵役。

《中华人民共和国国防法》第七条 保卫祖国、抵抗侵略是中华人民共和国每一个公民的神圣职责。

中华人民共和国公民应当依法履行国防义务。

一切国家机关和武装力量、各政党和各人民团体、企业事业组织、社会组织和其他组织,都应当支持和依法参与国防建设,履行国防职责,完成国防任务。

试题

被认定为拒服兵役,会导致以下哪种情形?( )(多选)[①]

A. 不得录用为公务员或者参照公务员法管理的工作人员

B. 两年内不准出境或者升学复学

C. 纳入履行国防义务严重失信主体名单

D. 两年内不能办理出国(境)手续,已办理的立即撤销

---

① 答案:ABCD。

笔记区

53. 为什么依法纳税是公民的宪法义务?

案例

某市税务部门经税收大数据分析发现网络主播黄某涉嫌偷逃税款。2019~2020年,其通过隐匿个人收入、虚构业务转换收入性质虚假申报等方式偷逃税款6.43亿元,其他少缴税款0.6亿元。在税务调查过程中,黄某配合并主动补缴税款5亿元,同时主动报告税务机关尚未掌握的涉税违法行为。

法律评析

纳税义务是根据宪法和法律规定,公民必须履行的向国家缴纳一定税款的责任。税收是国家组织财政收入的重要途径,为实现国家职能提供了财力上的保证。其特点是具有强制性和无偿性,是国家财政收入的重要来源之一。有国必有税。税收是取之于民、用之于民的,国家通过税收实现全体人民的根本利益。公民在享受国家提供的服务的同时,必须承担义务,自觉诚实纳税。因此,我国公民依法纳税,既是履行自己应尽的义务,也是对国家、对社会的一种贡献。本案中,黄某采取非法手段,偷逃应缴税款,违反了法律规定,应当予以处罚。

笔记区

知识链接

《中华人民共和国宪法》第五十六条 中华人民共和国公民有依照法律纳税的义务。

《中华人民共和国刑法》第二百零一条 纳税人采取欺骗、隐瞒手段进行虚假纳税申报或者不申报,逃避缴纳税款数额较大并且占应纳税额百分之十以上的,处三年以下有期徒刑或者拘役,并处罚金;数额巨大并且占应纳税额百分之三十以上的,处三年以上七年以下有期徒刑,并处罚金。

扣缴义务人采取前款所列手段,不缴或者少缴已扣、已收税款,数额较大的,依照前款的规定处罚。

对多次实施前两款行为,未经处理的,按照累计数额计算。

纠纷解决技巧

公民、法人、其他组织及外国人都有义务按照国家的法律规定向税收部门按一定比例缴纳税款。在日常法律宣传中,应让群众知晓公民有依照法律纳税的义务。同时,国家对个人征税时,既要保证国家财政需要,又要使纳税人有承受能力。纳税人有权了解、监督税款的使用情况,遇到非法情况时应当及时举报,监督政府的工作。

笔记区

试题

10 岁的小红出版的图书《儿童的诗》获得的版权费要不要缴税？（　　）[①]

A. 不用缴税，因为不满 18 岁可以不缴税

B. 只缴纳一般的税收，因为小红不满 18 岁

C. 应当缴税，因为获得的版权费不属于法定免税事项

D. 应当由小红父母代为缴税

① 答案：C。

笔记区

▶ 54. 为什么村民委员会组成人员中要保留一定数量的女性名额?

我国宪法特别重视男女之间的平等,注重保障女性同男子享有平等的权利,并且规定实行男女同工同酬,培养和选拔妇女干部。根据宪法的精神和原则,《中华人民共和国村民委员会组织法》第6条第2款规定,村民委员会成员中,应当有妇女成员。

《中华人民共和国宪法》《中华人民共和国村民委员会组织法》的规定是保护女性权益的客观要求和社会现实的需要。我国十分重视妇女的发展与进步,把推动男女平等作为促进国家社会发展的一项基本国策。在制定国家宏观政策时,遵循男女平等参与、共同发展、共同受益的原则,为妇女进步与发展提供了坚强的政治保证和法律保障。特别规定村民委员会中有一定数量的女性名额,有利于推动民主管理,有利于女性平等参与到村务中,发挥女性自身优势,在村民委员会决策和执行过程中维护女性权益,也有利于在实质上推动男女平等,形成尊重女性的良好社会氛围。

笔记区

知识链接

2017 年 10 月 18 日，习近平总书记在中国共产党第十九次全国代表大会上的报告指出："统筹做好培养选拔女干部、少数民族干部和党外干部工作。"①

《中华人民共和国宪法》第四十八条 中华人民共和国妇女在政治的、经济的、文化的、社会的和家庭的生活等各方面享有同男子平等的权利。

国家保护妇女的权利和利益，实行男女同工同酬，培养和选拔妇女干部。

《中华人民共和国村民委员会组织法》第六条 村民委员会由主任、副主任和委员共三至七人组成。

村民委员会成员中，应当有妇女成员，多民族村民居住的村应当有人数较少的民族的成员。

对村民委员会成员，根据工作情况，给予适当补贴。

---

① 习近平：《决胜全面建成小康社会 夺取新时代中国特色社会主义伟大胜利——在中国共产党第十九次全国代表大会上的报告》，载《人民日报》2017 年 10 月 28 日，第 1 版。

54. 为什么村民委员会组成人员中要保留一定数量的女性名额?

试题

笔记区

以下哪项关于村民委员会的说法是正确的?(　　)①

A. 村民委员会成员中,应当有妇女成员

B. 村民委员会委员的工作不给予补贴

C. 村民委员会组成人数没有限制

D. 村民委员会成员的职务不可以终止

① 答案:A。

笔记区

55. 村民委员会是基层群众自治组织指的是什么?

依据《中华人民共和国宪法》第111条的规定,村民委员会是基层群众性自治组织。村民委员会设人民调解、治安保卫、公共卫生等委员会,办理本居住地区的公共事务和公益事业,调解民间纠纷,协助维护社会治安,并且向人民政府反映群众的意见、要求和提出建议。依据村民委员会组织法的规定,村民委员会由村民选举的成员组成,是实行自我管理、自我教育、自我服务、自我监督的基层群众自治组织。村民委员会的自治性体现在同一居住区域的居民或者村民通过居民委员会或者村民委员会自行决定公共事务或者公益事业。虽然居民委员会和村民委员会也协助基层人民政府开展工作,但是其身份仍然是基层群众性自治组织,而不是基层人民政府的下属部门。

知识链接

《中华人民共和国宪法》第一百一十一条 城市和农村按居民居住地区设立的居民委员会或者村民委员会是基层群众性自治组织。居民委员会、村民委员会的主任、副主任和委员由居民选举。居民委员会、村民委员会同基层政权的相互关系由法律规定。

笔记区

居民委员会、村民委员会设人民调解、治安保卫、公共卫生等委员会，办理本居住地区的公共事务和公益事业，调解民间纠纷，协助维护社会治安，并且向人民政府反映群众的意见、要求和提出建议。

《中华人民共和国村民委员会组织法》第二条 村民委员会是村民自我管理、自我教育、自我服务的基层群众性自治组织，实行民主选举、民主决策、民主管理、民主监督。

村民委员会办理本村的公共事务和公益事业，调解民间纠纷，协助维护社会治安，向人民政府反映村民的意见、要求和提出建议。

村民委员会向村民会议、村民代表会议负责并报告工作。

试题

以下哪项属于我国基层群众自治组织？（ ）[①]

A. 街道办事处　　B. 村民委员会

C. 村党委　　D. 村民会议

① 答案：B。

笔记区

▶ 56. 村民委员会成员是否属于国家监察的对象?

案例

2018年某县政府因修建高速需要,征收了某村二组的60亩农田。张某合法承包的某村3.12亩土地属于征收范围之内。该村民委员会核实征收面积到户发放征地款期间,滥用职权,将涉案土地收益权裁决至案外人。为保护自己的合法权益,张某对该村村民委员会提起了行政诉讼。法院经审理认为,该村村民委员会的行为不是行政行为,不属于行政诉讼受案范围。若张某认为村民委员会的干部存在滥用职权行为,应向管辖部门报案或者举报。因此,法院裁定不予受理。

法律评析

虽然《中华人民共和国行政诉讼法》第12条第5款规定,对征收、征用决定及其补偿决定不服的属于行政诉讼的受案范围,但本案中争议的事项并非行政主体对土地的征收和补偿行为,而是村民委员会对征收补偿款的分配行为。村民委员会在自治范围内决定补偿款如何分配,不属于行政行为,所以人民法院没有管辖权。根据《中华人民共和国监察法》第15条第5项规定,监察机关对基层群众性自治组织中从事管理的人员进行监察。其中,“从事管理”主要包括:(1)救灾、抢险、防汛、优抚、扶贫、移民、救济款物的管理;(2)社会捐助公益事业款物的管理;(3)国有土地的经营和管理;(4)土地征收、征用补偿费用的管理;(5)代征、代缴税款;(6)有关计划生育、户籍、征兵工作;(7)协助人民政府等国家机关在基层群众性自治组织中从事的其他管理工作。因此,对于土地征收补偿款的分配问题可以由监察委对村民委员会中从事管理的人员是否失职渎职进行监察。

笔记区

知识链接

《中华人民共和国监察法》第十五条 监察机关对下列公职人员和有关人员进行监察:

(一)中国共产党机关、人民代表大会及其常务委员会机关、人民政府、监察委员会、人民法院、人民检察院、中国人民政治协商会议各级委员会机关、民主党派机关和工商业联合会机关的公务员,以及参照《中华人民共和国公务员法》管理的人员;

(二)法律、法规授权或者受国家机关依法委托管理公共事务的组织中从事公务的人员;

(三)国有企业管理人员;

笔记区

（四）公办的教育、科研、文化、医疗卫生、体育等单位中从事管理的人员；

（五）基层群众性自治组织中从事管理的人员；

（六）其他依法履行公职的人员。

纠纷解决技巧

依据宪法规定，村民委员会是基层群众性自治组织。村民委员会实行自我管理、自我教育、自我服务。如果村民与村民委员会发生争议，可以通过如下途径解决：一是农村集体经济组织、村民委员会或者其负责人作出的决定侵害集体成员合法权益的，可以向人民法院请求撤销该决定。但提起的是民事诉讼，而不是行政诉讼。二是如果发现村民委员会存在滥用职权的行为，可以向监察委员会举报或者报案。

试题

王某是王家村的村民委员会成员，负责土地征收、征用补偿费用的管理。2021年在管理过程中滥用职权，侵犯村民的合法权益。以下哪项论述是正确的？（　　）①

A. 村民委员会成员不属于监察机关的对象，村民无法向监察委员会控告、检举

① 答案：B。

B. 监察委员会可以对村民委员会成员进行监察

笔记区

C. 村民会议不可以罢免王某的职务

D. 即使王某被判处刑事处罚,王某的村民委员会职务也不会终止

笔记区

▶ 57. 基层群众性自治组织与基层政权的关系是什么?

基层政权作为国家在基层行政区域内设立的国家机关及其行使职权的统一体,在城市是指不设区的市、市辖区的人民政府或者它的派出机关;在农村是指乡、民族乡、镇人民政府。因此,基层群众性自治组织与基层政权的关系,是基层群众性自治组织同基层人民政府之间的关系。

《中华人民共和国宪法》第111条第1款规定,居民委员会、村民委员会同基层政权的相互关系由法律规定。《中华人民共和国城市居民委员会组织法》和《中华人民共和国村民委员会组织法》对基层群众性自治组织与基层人民政府之间的相互关系作了规定。依据这两部法律的规定,在与基层政府的关系上,基层群众性自治组织不是基层人民政府的下属部门。居民委员会、村民委员会和基层人民政府之间是相互独立的。一方面,基层人民政府必须尊重居民或村民自治的权限,不得干预居民或村民自治范围内的事项;另一方面,这并不意味着居民委员会、村民委员会不与基层人民政府存在关系。事实上,根据《中华人民共和国城市居民委员会组织法》第2条和《中华人民共和国村民委员会组织法》第5条的规定,居民委员会、村民委员会负有协助基层人民政府工作的法律义务。双方在处理两者的关系时，需要严格依据宪法和城市居民委员会组织法、村民委员会组织法的规定，尤其需要注意基层人民政府不得干预村民自治。

笔记区

知识链接

《中华人民共和国城市居民委员会组织法》第二条 居民委员会是居民自我管理、自我教育、自我服务的基层群众性自治组织。

不设区的市、市辖区的人民政府或者它的派出机关对居民委员会的工作给予指导、支持和帮助。居民委员会协助不设区的市、市辖区的人民政府或者它的派出机关开展工作。

《中华人民共和国村民委员会组织法》第五条 乡、民族乡、镇的人民政府对村民委员会的工作给予指导、支持和帮助，但是不得干预依法属于村民自治范围内的事项。

村民委员会协助乡、民族乡、镇的人民政府开展工作。

试题

关于乡、民族乡、镇人民政府和村民委员会的关系，以下哪项论述是正确的？（　　）①

A. 乡、民族乡、镇人民政府可以指导村民委员会的

---

① 答案：A。

笔记区

工作

B. 乡、民族乡、镇人民政府领导村民委员会

C. 乡、民族乡、镇人民政府可以直接任免村主任

D. 乡、民族乡、镇人民政府可以干预村民自治范围内的事项

笔记区

▶ 58. 村民会议和村民委员会的关系是什么?

村民会议是村民自治的最高权力机关,是村民直接行使自治权的组织形式。村民会议由本村 18 周岁以上的村民组成,由村民委员会召集,具有广泛的群众基础和直接民主性,有 1/10 以上的村民或者 1/3 以上的村民代表提议,应当召集村民会议。召开村民会议,应当有本村 18 周岁以上村民的过半数,或者本村 2/3 以上的户的代表参加,村民会议所作决定应当经到会人员的过半数通过。召开村民会议,根据需要可以邀请驻本村的企业、事业单位和群众组织派代表列席。

村民委员会是宪法规定的基层群众性自治组织,村民委员会根据村民居住状况、人口多少,按照便于群众自治,有利于经济发展和社会管理的原则设立。村民委员会的设立、撤销、范围调整,由乡、民族乡、镇的人民政府提出,经村民会议讨论同意,报县级人民政府批准。村民委员会主任、副主任和委员,由村民直接选举产生。任何组织或者个人不得指定、委派或者撤换村民委员会成员。村民委员会每届任期 5 年,届满应当及时举行换届选举。村民委员会成员可以连选连任。

村民会议和村民委员会的关系如下:一是村民会议有

笔记区

权监督村民委员会的工作。村民会议审议村民委员会的年度工作报告，评议村民委员会成员的工作；有权撤销或者变更村民委员会不适当的决定；有权撤销或者变更村民代表会议不适当的决定。二是对乡、民族乡、镇人民政府提出的关于村民委员会的设立、撤销、范围调整等事项，由村民会议进行讨论。

知识链接

《中华人民共和国村民委员会组织法》第二十三条 村民会议审议村民委员会的年度工作报告，评议村民委员会成员的工作；有权撤销或者变更村民委员会不适当的决定；有权撤销或者变更村民代表会议不适当的决定。

村民会议可以授权村民代表会议审议村民委员会的年度工作报告，评议村民委员会成员的工作，撤销或者变更村民委员会不适当的决定。

试题

关于村民会议和村民委员会的关系，以下哪项论述是正确的？（　　）①

A. 村民会议无权罢免村民委员会成员

B. 罢免村民委员会成员只需要村民会议过半数通过

① 答案：C。

即可

笔记区

C. 村民会议有权撤销或者变更村民委员会不适当的决定

D. 村民会议和村民委员会都是基层群众性自治组织

笔记区

59. 村民委员会的职责有哪些?

村民委员会作为《中华人民共和国宪法》第 111 条规定的自治组织,是村民自治体内部的重要自治机关。依据《中华人民共和国村民委员会组织法》第 8 条、第 9 条的规定,村民委员会的主要职责为:支持和组织村民依法发展各种形式的合作经济和其他经济,承担本村生产的服务和协调工作,促进农村生产建设和经济发展;依照法律规定,管理本村属于村民集体所有的土地和其他财产,引导村民合理利用自然资源,保护和改善生态环境;尊重并支持集体经济组织依法独立进行经济活动的自主权,维护以家庭承包经营为基础、统分结合的双层经营体制,保障集体经济组织和村民、承包经营户、联户或者合伙的合法财产权和其他合法权益;宣传宪法、法律、法规和国家的政策,教育和推动村民履行法律规定的义务、爱护公共财产,维护村民的合法权益,发展文化教育,普及科技知识,开展多种形式的社会主义精神文明建设活动等。

知识链接

《中华人民共和国村民委员会组织法》

第八条 村民委员会应当支持和组织村民依法发展

笔记区

各种形式的合作经济和其他经济,承担本村生产的服务和协调工作,促进农村生产建设和经济发展。

村民委员会依照法律规定,管理本村属于村农民集体所有的土地和其他财产,引导村民合理利用自然资源,保护和改善生态环境。

村民委员会应当尊重并支持集体经济组织依法独立进行经济活动的自主权,维护以家庭承包经营为基础、统分结合的双层经营体制,保障集体经济组织和村民、承包经营户、联户或者合伙的合法财产权和其他合法权益。

第九条 村民委员会应当宣传宪法、法律、法规和国家的政策,教育和推动村民履行法律规定的义务、爱护公共财产,维护村民的合法权益,发展文化教育,普及科技知识,促进男女平等,做好计划生育工作,促进村与村之间的团结、互助,开展多种形式的社会主义精神文明建设活动。

村民委员会应当支持服务性、公益性、互助性社会组织依法开展活动,推动农村社区建设。

多民族村民居住的村,村民委员会应当教育和引导各民族村民增进团结、互相尊重、互相帮助。

笔记区

试题

以下哪项不是村民委员会的职责？(　　)[1]

A. 促进农村生产建设和经济发展

B. 维护村民的合法权益

C. 向乡镇政府汇报工作

D. 宣传宪法、法律、法规和国家的政策

---

① 答案:C。

笔记区

60. 篡改或毁损国旗、国歌需要承担什么法律责任?

国旗和国歌属于国家标志,代表国家的主权、独立和尊严的象征和标志,反映了一个国家的历史传统、民族精神,甚至反映了国家性质与政权组织形式的特点。因此,保护国旗、国歌有利于增强国民的民族自豪感和爱国热情。根据《中华人民共和国宪法》第 141 条的规定,我国的国旗是五星红旗,国歌是《义勇军进行曲》。国旗和国歌作为国家的象征,每个公民和组织都应当尊重和爱护。

为了加强对国旗和国歌的保护,我国专门立法予以保护,对涉嫌犯罪行为的,依法追究刑事责任。《中华人民共和国国旗法》第 23 条规定:“在公共场合故意以焚烧、毁损、涂划、玷污、践踏等方式侮辱中华人民共和国国旗的,依法追究刑事责任;情节较轻的,由公安机关处以十五日以下拘留。”《中华人民共和国国歌法》第 15 条规定:“在公共场合,故意篡改国歌歌词、曲谱,以歪曲、贬损方式奏唱国歌,或者以其他方式侮辱国歌的,由公安机关处以警告或者十五日以下拘留;构成犯罪的,依法追究刑事责任。”依据《中华人民共和国刑法》第 299 条的规定,在公共场合,故意以焚烧、毁损、涂划、玷污、践踏等方式侮辱

笔记区

中华人民共和国国旗、国徽的，处3年以下有期徒刑、拘役、管制或者剥夺政治权利。在公共场合，故意篡改中华人民共和国国歌歌词、曲谱，以歪曲、贬损方式奏唱国歌，或者以其他方式侮辱国歌，情节严重的，依照前款的规定处罚。

知识链接

我国的国旗是五星红旗，旗面为红色，长方形，其长与高为三与二之比，旗面左上方缀黄色五角星五颗。一星较大，其外接圆直径为旗高十分之三，居左；四星较小，其外接圆直径为旗高十分之一，环拱于大星之右。旗杆套为白色。旗上的五颗五角星及其相互关系象征中国共产党领导下的革命人民大团结。四颗小星各有一角尖正对着大星的中心点，表示亿万人民的心都向着伟大的中国共产党。

我国的国歌是《义勇军进行曲》。1949年中华人民共和国成立时，中国人民政治协商会议第一届全体会议通过《义勇军进行曲》为代国歌；1982年12月全国人民代表大会将其正式定为国歌，2004年3月写入宪法。

60. 篡改或毁损国旗、国歌需要承担什么法律责任?

试题

笔记区

以下哪项不属于国家标志?(　　)[①]

A. 国旗　　B. 国歌

C. 国界　　D. 国徽

① 答案:C。

笔记区

测 试 题

1. 现行《中华人民共和国宪法》是第五届全国人民代表大会第五次会议于(　　)通过的。

A. 1975 年　　B. 1978 年

C. 1982 年　　D. 1997 年

2. 宪法以(　　)的形式确认了中国各族人民奋斗的成果,规定了国家的根本制度和根本任务,是国家的根本法,具有最高的法律效力。

A. 法律　　B. 政策　　C. 文件　　D. 决议

3. “中国共产党领导是中国特色社会主义最本质的特征”是在哪一年写入宪法的?(　　)

A. 1993 年　　B. 1999 年

C. 2004 年　　D. 2018 年

4. 中华人民共和国是工人阶级领导的、以工农联盟为基础的(　　)的社会主义国家。

A. 人民民主专政　　B. 民主

C. 多党合作　　D. 政治协商

笔记区

5. 国家行政机关、监察机关、审判机关、检察机关都由(　　)产生,对它负责,受它监督。

A. 民主选举

B. 人民代表大会

C. 人民代表大会常务委员会

D. 党内推选

6. 各少数民族聚居的地方实行(　　),设立自治机关,行使自治权。各民族自治地方都是中华人民共和国不可分离的部分。

A. 群众自治　　B. 民族自治

C. 区域自治　　D. 自治

7. 中华人民共和国的国家机构实行(　　)的原则。

A. 责任制　　B. 密切联系群众

C. 廉洁　　D. 民主集中制

8. 中华人民共和国的社会主义经济制度的基础是生产资料的(　　),即全民所有制和劳动群众集体所有制。

A. 私有制　　B. 社会主义公有制

C. 全民公有制　　D. 集体所有制

9. 一切法律、行政法规和地方性法规都不得同(　　)相抵触。

A. 宪法　　B. 党章

C. 政策　　D. 指示

笔记区

10. 我国建立健全同(　　)相适应的社会保障制度。

A. 社会发展水平　　B. 经济发展水平

C. 社会财富的增加　　D. 国家发展水平

11. 我国的国家宪法日是(　　)。

A. 10 月 1 日　　B. 12 月 4 日

C. 12 月 12 日　　D. 1 月 1 日

12. 下列哪些自然资源只能属于国家所有?(　　)

A. 矿藏、水流　　B. 森林、草原

C. 山岭、滩涂　　D. 土地

13. 国家保障自然资源的(　　),保护珍贵的动物和植物。禁止任何组织或者个人用任何手段侵占或者破坏自然资源。

A. 按需利用　　B. 合理利用

C. 有限利用　　D. 最大利用

14. 国家为了公共利益的需要,可以依照法律规定对土地实行征收或者征用并给予(　　)。

A. 补偿　　B. 赔偿

C. 弥补　　D. 抵偿

15. 农村集体经济组织实行(　　)为基础、统分结合的双层经营体制。

A. 村民经营　　B. 家庭承包经营

C. 集体分配　　D. 国家经营

16. 国家实行农村土地(　　)制度。

A. 承包经营　　B. 买卖

C. 租佃　　D. 合理利用

17. 农村土地承包,妇女与男子享有(　　)的权利。承包中应当保护妇女的合法权益,任何组织和个人不得剥夺、侵害妇女应当享有的土地承包经营权。

A. 同等　　B. 对等

C. 平等　　D. 同样

18. 家庭承包的承包方是本集体经济组织的(　　)。

A. 农民　　B. 家庭

C. 成员　　D. 农户

19. 耕地的承包期为(　　),耕地承包期届满后再延长同样的期限。

A. 20 年　　B. 30 年

C. 15 年　　D. 35 年

20. 农村村民(　　)只能拥有一处宅基地,其宅基地的面积不得超过省、自治区、直辖市规定的标准。

A. 一户　　B. 一人

C. 一家庭　　D. 一家人

21. 土地经营权人擅自改变土地的农业用途,弃耕抛荒连续(　　)以上,给土地造成严重损害或者严重破坏土地生态环境,承包方在合理期限内不解除土地经营权流转

笔记区

合同的，发包方有权要求终止土地经营权流转合同。

A. 2 年　　B. 3 年　　C. 5 年　　D. 1 年

22. 承包期内，发包方不得(　　)。

A. 买卖承包地　　B. 流转承包地

C. 收回承包地　　D. 发包承包地

23. 国家实行社会主义(　　)。国家加强经济立法，完善宏观调控。国家依法禁止任何组织或者个人扰乱社会经济秩序。

A. 商品经济　　B. 计划经济

C. 市场经济　　D. 有计划的商品经济

24. 集体经济组织在遵守有关法律的前提下，有独立进行经济活动的(　　)。

A. 自主权　　B. 自由权

C. 经营权　　D. 选择权

25. 国家保护城乡集体经济组织的合法的权利和利益，(　　)集体经济的发展。

A. 管理　　B. 帮助

C. 鼓励、指导和帮助　　D. 保护

26. 国家工作人员就职时应当依照法律规定公开进行(　　)。

A. 就职宣誓　　B. 财产公开

C. 宪法宣誓　　D. 参加培训

笔记区

27. 国家在必要时得设立特别行政区。在特别行政区内实行的制度按照具体情况由(　　)以法律规定。

A. 全国人民代表大会常务委员会

B. 全国人民代表大会

C. 国务院

D. 中央军事委员会

28. 国家保护和改善生活环境和(　　)环境,防治污染和其他公害。

A. 生态　　B. 自然　　C. 人文　　D. 生物

29. 一切国家机关实行(　　)的原则,实行工作责任制,实行工作人员的培训和考核制度,不断提高工作质量和工作效率,反对官僚主义。

A. 民主集中制　　B. 精简

C. 密切联系群众　　D. 责任制

30. 全国人民代表大会和全国人民代表大会常务委员会行使(　　)。

A. 国家立法权　　B. 行政权

C. 司法权　　D. 监察权

31. 法律和其他议案由全国人民代表大会以全体代表的(　　)通过。

A. 过半数　　B. 三分之一

C. 四分之三　　D. 五分之三

笔记区

32. 宪法的修改，由全国人民代表大会常务委员会或者五分之一以上的全国人民代表大会代表提议，并由全国人民代表大会以全体代表的(　　)以上的多数通过。

A. 过半数　　B. 三分之二

C. 四分之三　　D. 五分之四

33. (　　)召集和主持国务院常务会议和国务院全体会议。

A. 总理　　B. 副总理　　C. 国务委员　　D. 秘书长

34. 人民法院依照法律规定独立行使审判权，不受(　　)的干涉。

A. 人民代表大会

B. 行政机关、社会团体和个人

C. 人民代表大会常务委员会

D. 中国共产党

35. 人民法院审理案件，除法律规定的特别情况外，一律公开进行。被告人有权获得(　　)。

A. 辩护　　B. 陈述

C. 申辩　　D. 申请回避

36. “国家尊重和保障人权”是在(　　)通过宪法修正写入宪法的。

A. 1993 年　　B. 1999 年

C. 2004 年　　D. 2018 年

笔记区

37. 中华人民共和国年满(　　)的公民,不分民族、种族、性别、职业、家庭出身、宗教信仰、教育程度、财产状况、居住期限,都有选举权和被选举权;但是依照法律被剥夺政治权利的人除外。

A. 20 周岁　　B. 18 周岁

C. 16 周岁　　D. 22 周岁

38. 任何公民,非经(　　),并由公安机关执行,不受逮捕。

A. 人民检察院批准或者决定或者人民法院决定

B. 公安机关决定

C. 国家安全机关决定

D. 人民政府决定

39. 中华人民共和国公民的通信自由和通信秘密受法律的保护。除因国家安全或者追查刑事犯罪的需要,由(　　)依照法律规定的程序对通信进行检查外,任何组织或者个人不得以任何理由侵犯公民的通信自由和通信秘密。

A. 人民法院

B. 公安机关或者检察机关

C. 人民政府

D. 国家互联网信息办公室

40. 中华人民共和国公民在行使自由和权利的时候,

笔记区

不得损害(　　)和其他公民的合法的自由和权利。

A. 国家的、社会的、集体的利益

B. 社会团体的利益

C. 民族利益

D. 公共秩序

参考答案

1. C	2. A	3. D	4. A	5. B
6. C	7. D	8. B	9. A	10. B
11. B	12. A	13. B	14. A	15. B
16. A	17. C	18. D	19. B	20. A
21. A	22. C	23. C	24. A	25. C
26. C	27. B	28. A	29. B	30. A
31. A	32. B	33. A	34. B	35. A
36. C	37. B	38. A	39. B	40. A